falter 25

Die Monatstugenden

Zwölf Meditationen

herausgegeben von Jean-Claude Lin

mit zwölf Aufnahmen
von Richard C. Crisler, jr.

Verlag Freies Geistesleben

Die in diesem fünfundzwanzigsten Band der *falter*-Reihe versammelten Betrachtungen erschienen ursprünglich Monat für Monat in der Zeitschrift *Die Drei* im fünfzigsten Jubiläumsjahr 1997 des Verlags Freies Geistesleben. Die Fotografien von Richard Carleton Crisler, jr. sind dem Band *Fascinated. Ein Amerikaner entdeckt die neuen Bundesländer. Fotografien und Text von Richard C. Crisler, jr.* entnommen. Der Band erschien 1998 in der edition q Berlin. Der Abdruck erfolgt mit freundlicher Genehmigung des Originalverlags.

2. Auflage 2007

Verlag Freies Geistesleben
Landhausstraße 82, 70190 Stuttgart
Internet: www.geistesleben.com

ISBN 978-3-7725-1425-8

Text: © 1999 Verlag Freies Geistesleben
& Urachhaus GmbH, Stuttgart
Fotografien: © 1998 edition q
in der Quintessenz Verlags-GmbH, Berlin
Schutzumschlag: Walter Schneider
Druck: Freiburger Graphische Betriebe

Inhalt

Vorwort   7

Januar
Mut wird zu Erlöserkraft   11
Jean-Claude Lin

Februar
Diskretion wird zu Meditationskraft   19
Ernst-Michael Kranich

März
Großmut wird zu Liebe   27
Klaus Dumke

April
Devotion wird zu Opferkraft   41
Florian Roder

Mai
Inneres Gleichgewicht wird zu Fortschritt   53
Nana Göbel

Juni
Ausdauer wird zu Treue   61
Andreas Neider

Juli
Selbstlosigkeit wird zu Katharsis 69
Thomas Hilden

August
Mitleid wird zu Freiheit 79
Jean-Claude Lin

September
Höflichkeit wird zu Herzenstakt 91
Jean-Claude Lin

Oktober
Zufriedenheit wird zu Gelassenheit 101
Wolf-Ulrich Klünker

November
Geduld wird zu Einsicht 115
Erhard Fucke

Dezember
Gedankenkontrolle wird zu Wahrheitsempfinden 127
Christoph Lindenberg

Vorwort

Als eine *Ermutigung zum unzeitgemäßen Leben* erschien 1996 die deutsche Ausgabe eines «kleinen Breviers der Tugenden und Werte». Die ursprünglich in französischer Sprache verfassten Ausführungen des Philosophen André Comte-Sponville tragen den Titel *Petit traité des grandes vertus* (also *Kleine Abhandlung über die großen Tugenden*). Sollte für den deutschen Leser durch die Wendung des Titels der als allzu groß empfundene Ernst des Unternehmens, über achtzehn Tugenden nachzudenken, entschärft werden? Oder drückt sich darin die Überzeugung aus, dass ein «tugendhaftes» Leben heute *unzeitgemäß* sei? Dass ein wachsendes Bedürfnis nach einer erneuten Besinnung auf Tugenden und andere ethische Kategorien seit einigen Jahren besteht, ist nicht zu leugnen. Fraglich ist nur, ob dieses Bedürfnis dahin führen kann, dass die Fähigkeiten, die mit den Tugenden angesprochen sind, tatsächlich ausgebildet und gepflegt werden können. Jeder, der dieses Bedürfnis empfindet, wird sich früher oder später eine vertiefte Einsicht in das Wesen der Tugend und Tugenden verschaffen wollen. Denn er wird, wie es vielleicht der niederländische Philosoph Spinoza in seiner *Ethik* am prägnantesten formuliert hat, empfinden, dass die Tugend zu dem Eigentlichsten seiner Existenz als Mensch gehört:

«Unter *Tugend* und *Vermögen* verstehe ich ein und dasselbe. Das heißt, die Tugend, insofern sie auf den Menschen bezogen wird, ist das eigentliche Wesen oder die eigentliche Natur des Menschen, insofern er die Macht hat, etwas zu bewirken, was durch die Gesetze seiner eigenen Natur allein begriffen werden kann.» (IV. Teil, 8. Definition)

Über die Tugenden im einzelnen wie auch allgemeinen ist über die Jahrhunderte und Jahrtausende, je nach religiösem oder philosophischem Hintergrund, eine weitgefächerte Literatur entstanden. Das Neue, das von anthroposophischer Seite hinzugefügt werden kann, ist eine vertiefte Einsicht in den Zusammenhang der Tugenden mit dem *werdenden*, sich entwickelnden Menschen, auch in die Art, wie sie selbst als seelische und geistige Fähigkeiten sich wandeln.

Es ist auf den folgenden Seiten versucht worden, eine Anregung Rudolf Steiners in dieser Richtung aufzugreifen. Er selbst hat die zwölf behandelten Tugenden und ihre Metamorphosen nicht systematisch dargestellt. Die Autoren waren auf ihre eigenen Erfahrungen und Überlegungen angewiesen. Diese haben sie zunächst in den vorliegenden «Meditationen» zusammengefasst. Ausführlicher haben sie ihre Gedanken und Einsichten in den Vorträgen dargestellt, die in dem Band *Die Tugenden im Jahreslauf – Wandlungskräfte der Seele* enthalten sind.

Die Kürze und Dichte der hier dargebotenen Ausführungen können aber gerade für den willkommen sein, der sich regelmäßig mit den Tugenden beschäftigen möchte. Denn jede Fähigkeit braucht zu ihrer Ausbildung *Übung*, und zu einer solchen besonnenen Übung möchten die hier wiedergegebenen Betrachtungen anregen. So mag es berechtigt sein, sie als «Meditationen» aufzufassen. Sie geben durch die in ihnen gewählten individuellen Ansätze sehr verschiedene Zugänge wieder. Diese weiter zu entwickeln, zu ergänzen und im eigenen Leben zu prüfen und fruchtbar zu machen bleibt vornehmlich Aufgabe des interessierten Lesers – wie auch weiterhin der Autoren selbst! –

Dass diesem Band auch die Aufnahmen des amerikanischen Fotografen Richard C. Crisler beigefügt werden können, empfindet der Herausgeber als besonders befriedigend.

Stuttgart, im Juli 1999 *Jean-Claude Lin*

Januar

Mut *wird zu* Erlöserkraft

21. Dezember bis 1. Februar

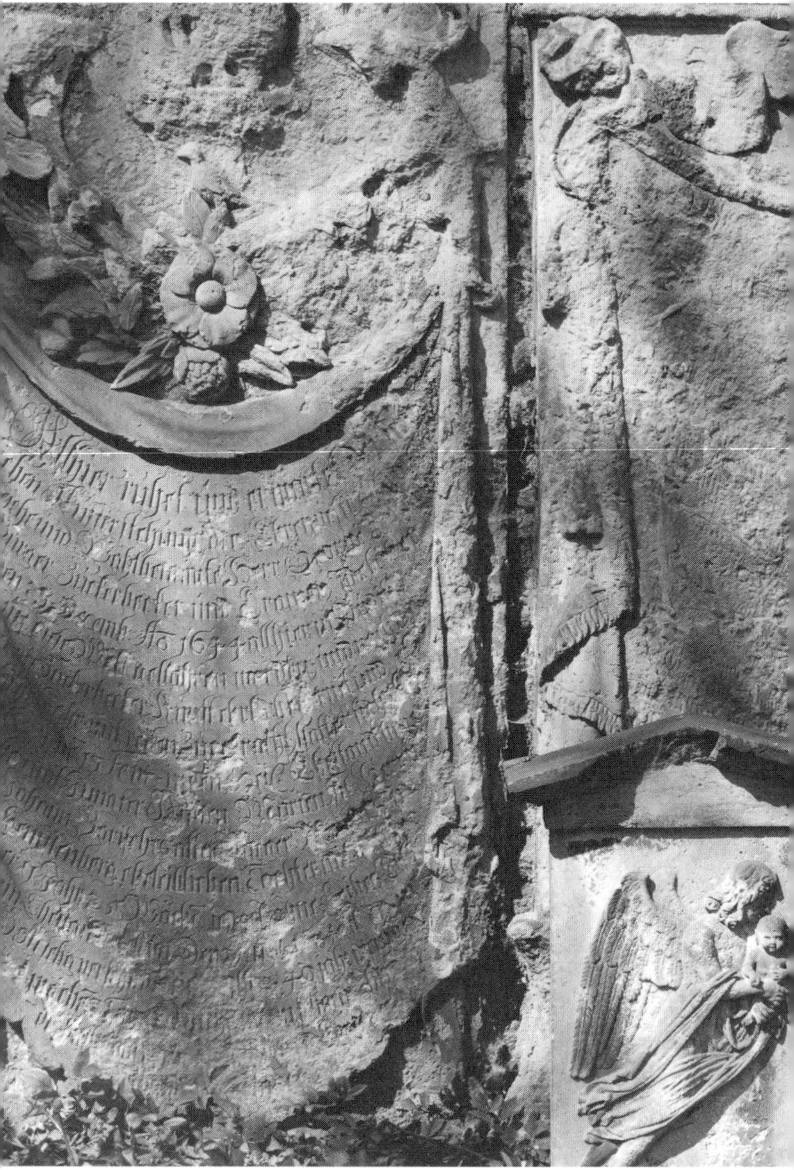

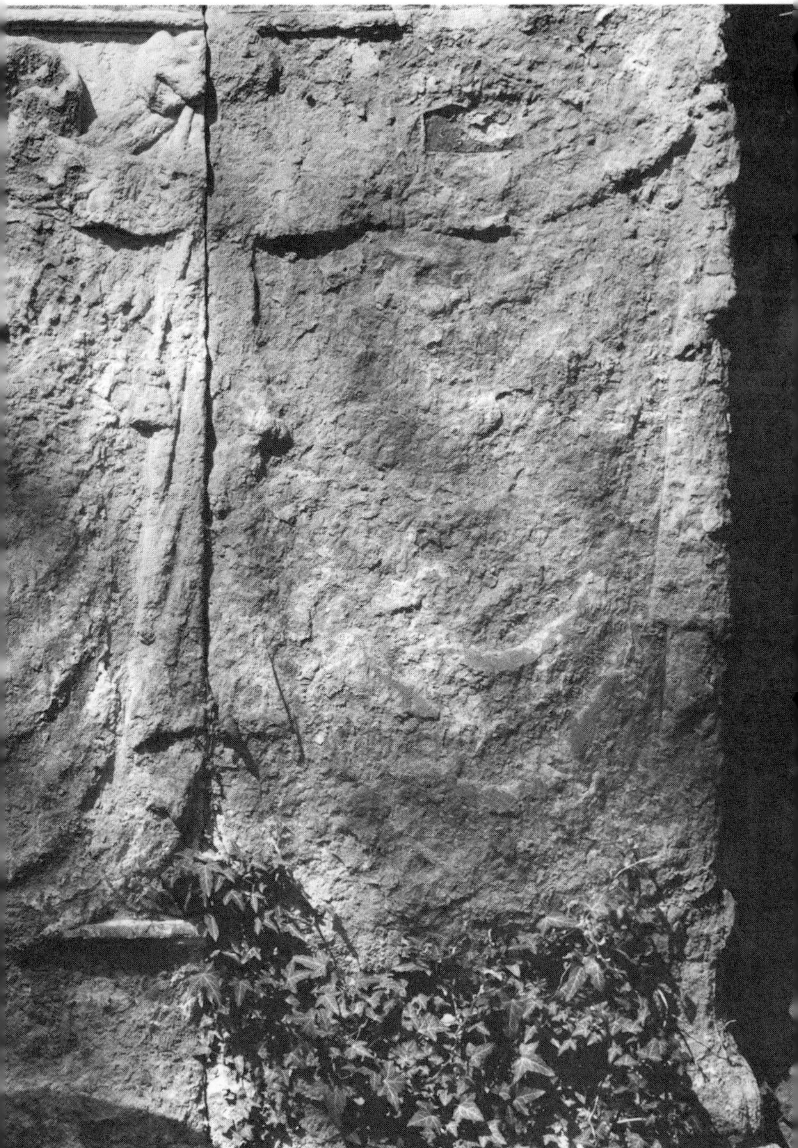

Mut muss der Mensch entwickeln, um in den himmlischen Garten eintreten zu dürfen. –

◁ *Bautzen*

Mut wird zu Erlöserkraft

Jean-Claude Lin

Eine Betrachtung zu Drei Könige

Als der Mensch vom Baum der Erkenntnis des Bösen und des Guten genossen hatte und des Paradieses verwiesen wurde, bestellte Gott der Herr den Cherub mit dem bloßen Flammenschwert, dem Menschen den Eingang zu verwehren. Seitdem muss der Mensch im Schweiß seines Angesichts sein Brot essen, «Bis das du wider zu Erden werdest / da von du genomen bist / Denn du bist Erden / vnd solt zu Erden werden» (*I. Buch Mose III,19* nach Martin Luther, *Die gantze Heilige Schrift.* Deudsch 1545), da der Weg zum Baum des Lebens ihm versperrt ist.

Erst im aufdämmernden Bewusstsein dieses Ausgeworfenseins des Menschen scheint das Wort «Erlösung» seinen angemessenen Zusammenhang gefunden zu haben. Immer wieder muss der Mensch diesen Weg von Staub zu Staub durchwandeln, bis er vom wachenden, ernsten Hüter-Engel zurückgerufen wird. Und erst dann – nach wie vielen Schritten der Wandlung und der Reife? – darf er vom Baum des ewigen Lebens essen.

«Mut wird zu Erlöserkraft», notierte Rudolf Steiner lapidar (abgedruckt in seinen *Anweisungen für eine esoterische Schulung*). Mut muss der Mensch entwickeln, um in den himmlischen Garten wieder eintreten zu dürfen. – Wie ist das zu verstehen?

Ich stelle mir ein neugeborenes Kind vor. Welche Kraft muss eigentlich in dem Kind vorhanden sein, damit es sein grenzenloses Ausgeliefertsein an seine Mitmenschen in Frieden hinnehmen kann? Wäre das Kind mit dem späteren Bewusstsein des Erwachsenen begabt, müsste es mit etwas wie grenzenlosem Mut erfüllt sein.

Dieser hilflosen, aber unendlich vertrauenden Hingabe des Kindes bringen die drei Könige ihre Gaben dar:

die aufrichtende Kraft der Myrrhe,
die mitteilende Wärme des Weihrauchs,
das erleuchtende Licht des Goldes.

Durch das Vertrauen wird es begabt mit den drei Grundfähigkeiten des Menschen: des Sich-Aufrichtens, des Sprechens und des Denkens.

Dieser Blick auf das neugeborene und heranwachsende kleine Kind lässt erst wirklich ermessen, wie unerschütterlich der Mut noch werden muss, um die Erlöserkraft wachsen zu lassen, die notwendig ist, um an dem mit flammendem Schwert abweisenden Cherub vorbeizukommen.

Eine «hohe Schule des Mutes» könnte die gelebte Anthroposophie für den Menschen werden, äußerte einmal Rudolf Steiner (in einer Jugendansprache in Arnheim am 20. Juli 1924).

Was das Kind an grenzenlosem Vertrauen seiner menschlichen Umwelt gegenüber darlebt, wandelt sich im sich selbst ergreifenden und seine Angst überwindenden Menschen in *Mut*.

Wie im kleinen Kind dem heranwachsenden Erdenmenschen drei Begabungen *nach*gereicht werden, muss der an dem Flammenschwert-führenden Engel vorbeidringen wollende Mensch drei Gaben dem in ihm neu entstehenden Himmelsmenschen *vor*reichen:

das Gold seines mit dem Weltensein zusammenwachsenden Ich,

den Weihrauch seiner mit den Geisteszielen lebenden Seele,

die Myrrhe seines im Tun Gottes wurzelnden Geistes.

Im Wort des dem Menschen voranschreitenden und mit ihm einswerdenden Christus, «Wahrlich ich sage euch / Es sey denn / das jr euch vmbkeret / vnd werdet wie die Kinder / so werdet jr nicht ins Himmelreich komen» (Matteus XVIII,5), lässt sich erleben:

Mut wird zu Erlöserkraft.

Februar

Diskretion *wird zu* Meditationskraft

21. Januar bis 1. März

Lodersleben ▷

GESTIFTET VON DEN
NACHKOMMEN DER
FRÜHEREN BESITZER
VON LODERSLEBEN
ALEXANDER FREIHERR
v DANCKELMAN CHARLOTTEN
BURG OTTO FREIHERR v
DANCKELMAN DESSAU

*Mit dem Schweigen
beginnt die Verantwortung
für das, was man sagt. –*

Diskretion wird zu Meditationskraft

Ernst-Michael Kranich

Ein deutscher Philosoph des vergangenen Jahrhunderts hat einmal gesagt, das Kind lerne sprechen, im Laufe des Lebens lerne der Mensch aber das Schweigen. Gemeint ist nicht das Verschweigen, sondern die besonnene Kraft der Zurückhaltung. Im gewöhnlichen Sprechen, das dem natürlichen Drang des Sich-Mitteilens entspringt, wirkt manche allzu persönliche Seeleneigenschaft. Man redet, ohne es zu bemerken, mehr als man wirklich zu sagen hat. Das Bedeutsame sind einzelne Perlen unter der Fülle des Beliebigen, bloß Unterhaltsamen. Wenn man dieses bemerkt, kann das eine Wende im Leben bewirken.

Schweigen ist nicht Verstummen. Mit dem Schweigen beginnt die Verantwortung für das, was man sagt. – Was hier geschieht, ist eine Verwandlung, in der die ungeläuterten Seelenkräfte, die bisher mit der Sprache verbunden waren, aus dem

Sprechen herausgesondert werden. So kommt die Sprache in den Zusammenhang mit höheren Kräften. Es entsteht das Bewusstsein, dass man reif werden muss, um über eine Sache sprechen zu können. Man erlebt, dass es ein Sprechen gibt, das seine Worte aus innerer Hinwendung zu dem Wesenhaften nimmt. Das Aussprechen einer geistigen Wahrheit entspringt immer aus der Läuterung der Sprache und einem langen Schweigen. So wirkt im Schweigen eine doppelte Diskretion. Man bedenkt die Wirkungen dessen, was man anderen über Menschen und Lebenstatsachen mitteilt. Man weiß auch, dass man nicht unangemessen oder oberflächlich über etwas Bedeutsames Aussagen machen sollte. Beides widerspricht den Bedingungen einer inneren, spirituellen Entwicklung.

Was unreif ausgesprochen wird, kann eine Schwächung bedeuten. Was sich in der Abgeschiedenheit des inneren Lebens entwickeln, klären und vertiefen sollte, wird zu früh nach außen getragen. Dies unterbricht das Reifen in den verborgenen Regionen des inneren Menschen; bisweilen erstirbt es sogar in der Veräußerlichung des Redens. Hier gilt, was Rudolf Steiner über denjenigen schreibt, der die tieferen Geheimnisse ergründen will. «Geräuschlos und unvermerkt von der äußeren Welt vollzieht sich das Betreten des ‹Erkenntnispfades› durch den Geheimschüler. Niemand braucht an ihm eine Veränderung wahrzunehmen ... Die Verwandlung geht lediglich mit der inneren Seite der Seele vor sich ...» (*Wie erlangt man Erkenntnisse der höheren Welten?*, 1. Kapitel). Was er hier an Verwandlung zu erringen strebt, geht zunächst nur ihn und seine Beziehung zu den verborgenen Dimensionen der Welt an. Hier darf sich nichts an selbstsüchtigen Kräften einmischen, auch wenn sie noch so subtil sind wie im Aussprechen des persönlich Erlebten. Wer über das, was da im Inneren erlebt und durchlebt wird, auch gegenüber Freunden nicht schweigt, kennt den Ernst des inneren Weges noch nicht.

In der mantrischen Meditation erübt der Mensch im Laufe von Monaten und Jahren ein inneres Sprechen. In der frühen Kindheit hat er im Sprechenlernen aus den Kräften der Sprache in den Organen seines noch zarten Leibes – im Gehirn, den späteren Artikulationsorganen und in der Lunge – die äußere Sprachorganisation gebildet. Sprache hatte hier eine schöpferisch wirkende Kraft. Beim äußeren Sprechen wirkt diese Kraft dann weitgehend unbewusst in den physischen Organen. Im inneren Sprechen werden sie in der Hingabe des Meditierenden an die spirituelle Kraft des Mantrams aus den Organen herausgelöst. Sie leben dann als übersinnliche Kräfte in der Meditation auf. In ihnen erwacht der innere Mensch, das wahre Selbst, und vernimmt allmählich die innere Sprache, das verborgene Wort, in den Wesen der Welt. Dieser Weg hat seinen Beginn im Zurückhalten des Sprechens und in der Verantwortung gegenüber der Wahrheit, das heißt dort, wo der Mensch die Diskretion übt.

Aus der Diskretion gewinnt der Mensch die Kraft, die er in der Meditation betätigt.

März

Großmut
wird zu
Liebe

21. Februar bis 1. April

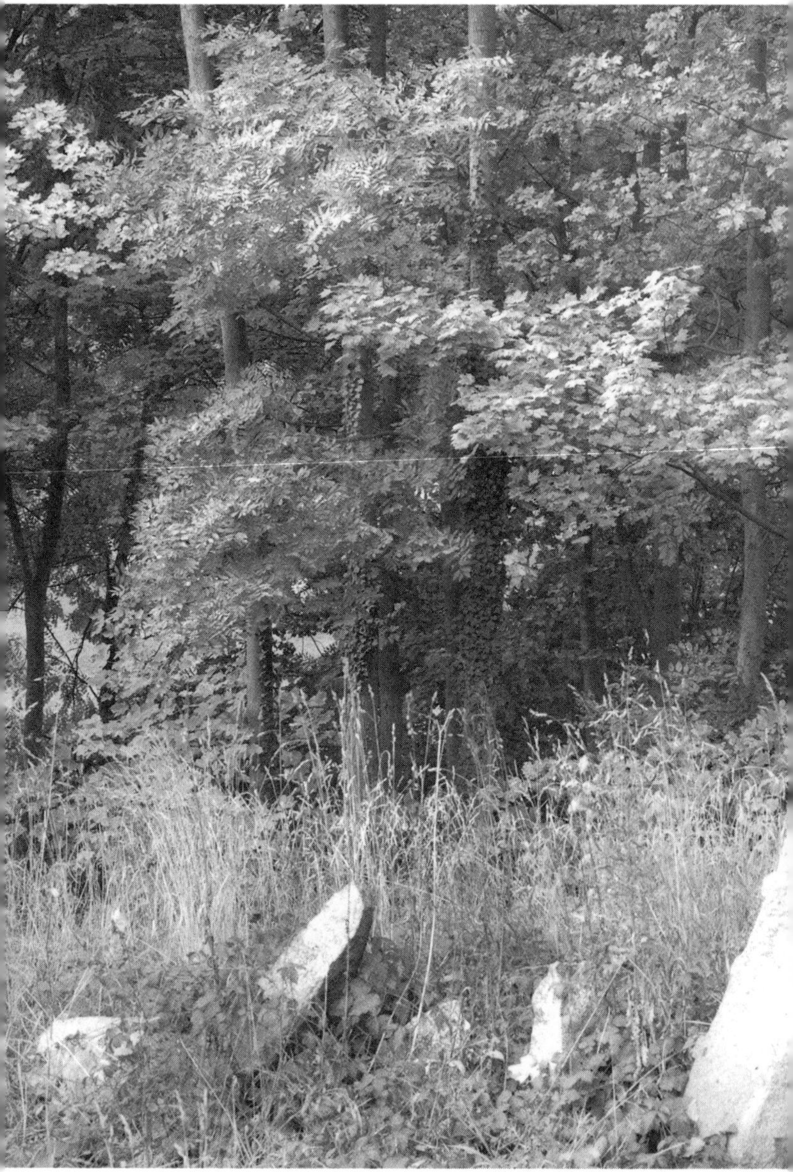

LIEBET
EVERE
FEINDE

1808

Der Satz «Großmut wird zu Liebe» beschreibt, wenn wir ihn umfassend verstehen, die ganze Weltgeschichte. –

◁ *Hohen Demzin*

Großmut wird zu Liebe

Klaus Dumke

Großmut: die Seele überragt den Leib

Großmut ist auf den ersten Blick weniger eine Tugend, eher eine Verfassung, ein konstitutionelles Format, das ein Mensch aus seiner vorgeburtlichen Geschichte mitbringt. Die großmütige Verfassung eines Menschen setzt voraus, dass sein geistig-seelisches Wesen bei der Annahme des Leibes von diesem nicht vollständig «aufgeschluckt» wird. Nur ein Mensch, der seinem Leib gegenüber souverän ist, dessen Inkarnation nicht zu einer kompletten Identifikation mit der Organisation geführt hat, kann sich als großmütig erweisen. Ein solcher Mensch hat also nicht nur eine «große Seele» (griech. *Megalopsychia* oder *Magnitudo aninimi, Magnanimitas*, wie Großmut im lat. Mittelalter genannt wurde), sondern diese Seele überragt den Leib, sie west als eine seelisch-geistige Aura jenseits von dessen Grenzen.

Letztendlich gehört ein gewisser Grad von solcher Großmut zur Konstitution des Menschen im allgemeinen. Denn der Mensch ist das Wesen innerhalb der Schöpfung, das – und sei es nur geringfügig – seinen Leib geistig-seelisch überragt – im Gehen, Sprechen, Denken.

Ein solches souveränes Verhältnis zum irdischen Leib bestimmt bei großmütig veranlagten Menschen jedoch auch das Verhältnis zu den äußeren Umständen und den Mitmenschen. *Demokrit,* der vorsokratische Philosoph, bei dem das Wort Megalopsychia zum ersten Male vorkommt, meint:

«Großmut ist, Taktlosigkeit gelassen zu ertragen.»

Wenn Großmut bei *Platon* eine charakteristische Eigenschaft des Philosophen ist, die ihn zum politischen Herrscher qualifiziert, so tritt sie hier als die Verfassung dessen auf, der nicht nur die kleinen Dinge und Vorgänge des Alltags beherrscht, sondern der als Weiser den großen Blick auf das Ganze hat.

Bei *Aristoteles* ist Großmut vor allem angebunden an den Besitz der Tugend:

«Der wahrhaft Großmütige muss gut sein.»

Nur also wer die Summe der Tugenden in sich trägt, verhält sich großmütig. So ist er erhaben über äußere Güter, äußere Ehre, gerade auch die wohl verdiente. Großmut bewahrt ihn vor bloßem Hochmut, macht ihn todesmutig in großer Gefahr, doch auch wohltätig und hilfsbereit.

Früh schon, so sieht man, wurde Großmut als eine Eigenschaft des Menschen aufgefasst, die alle Tugenden umfasst, besonders die vier Kardinaltugenden. Nur also der wahrhaft großmütig veranlagte Mensch kann echte Weisheit entwickeln, kann die Gefahren und Aufgaben des Lebens durch Mut und Tapferkeit bestehen. Nur der Großmütige hat die Überschau, das umfassende Urteil und die notwendige Distanz zur Situation, die seine Handlung zu einer besonnenen Tat machen kann. Besonnenheit verlangt die Konstitution der Großmut. Nimmt ein Mensch die wohl umfassendste aller Tugenden, die Gerechtigkeit, in sein Wesen auf, so steigert er sich zur inneren Identifikation mit der Karmakraft der Götter, denn nur diese macht wahrhaft gerecht. Jedoch nur der Großmütige kann gerecht sein, wie auch nur der Gerechtigkeit walten lässt, den Großmut beseelt.

Man sieht, die eingangs skizzierte Konstitution färbt praktisch alle Seelenkräfte des Menschen, so dass er jenen eigenartigen Charakter des Großmütigen zeigt, den wir, wo er auftritt, bewundern.

Die sich wandelnde menschliche Konstitution

Diese skizzierte menschliche Konstitution unterliegt nun aber einem umfassenden geschichtlichen Wandel. Dazu einige exemplarische Stufen der Entwicklung:

Die Megalopsychia der sieben heiligen *Rishis,* der Inspiratoren der ersten nachatlantischen Kulturepoche Altindiens, war von solcher umfassenden Größe, ihre Aura gewissermaßen so weit gespannt, dass sie für die irdische Wahrnehmung nur dann erscheinen konnte, wenn alle sieben Weisen durch den spirituellen «Kunstgriff» der Götterführung vorübergehend zusammenwirken konnten; dann verdichtete sich ihre Geisteskraft so, dass sie erlebbar wurde für die von ihnen Geführten. Die Großmut dieser Weisen umspannte sie in solchen Augenblicken alle sieben wie in einer gemeinsamen Aura des Geistes.

Gilgamesch war «zwei Drittel Gott, ein Drittel Mensch» – sein Geistig-Seelisches überragte in göttlicher Art seine irdische Existenz. Seine kämpferische Großmut erwies sich im Zweikampf mit *Enkidu* – sie schenkten sich beide das Leben, daraus erwuchs ihre Freundschaft: Großmut wird zu Freundschaft!

Die irdische Existenz des *Sokrates* wurde großmütig überragt von einem Wesen, das er selbst «Daimonion» nannte, sein höheres Selbst, das ihn inspirierte. Dieser (gute) Dämon verlieh ihm zu gegebener Stunde die Großmut zum Tode. In der Apologie des Todeskandidaten, und in der Urteilsvollstreckung, von der wir durch Platons *Phaidon* erfahren, entfaltet sich die Großmut zur Kraft der Gerechtigkeit. Sokrates, angesichts des Todes, nimmt das Karma auf in seinen Willen. Dadurch steigt die Moira, das dunkel waltende Schicksal «von seinem Weltenthrone» und wandelt sich in selbst gewolltes Geschick. Sokrates – kraft seines Daimonion – unterwirft sich nicht der irdischen Gerechtigkeit, sondern trägt die himmlische (sein Karma) auf die Erde. Sie vollzieht sich an ihm, durch ihn – in Großmut.

Christliche Großmut: die Liebe

Im Zeitalter des Sokrates ist die Weltenstunde gekommen, in der sich Großmut in Liebe wandelt. Die kosmische Megalopsychia des *Christus,* die die gesamte Schöpfung umspannt, inkarniert sich in Jesus von Nazareth. Sie wandelt sich im «Menschensohn» in Liebe. Während der drei Jahre des Christusdaseins auf Erden wird die kosmische Konstitution der göttlichen Großmut des Vaters und des Logos, die bei der Schöpfung gewaltet hat, vollständig umgewandelt in jene neue, die christliche Großmut, die als Liebe ausstrahlt von Golgatha bis ans Ende der Erdenzeiten.

Auch die Liebe hat konstitutionelle Voraussetzungen. Auch sie wirkt leibtranszendierend. Wer auf den Wegen der Liebe, die in ihren Dimensionen unendlich sind und viele Stufen überschreiten (*Eros, Philia, Agape*), im Leibe steckenbleibt, vermag nicht zu lieben. Der Leib ist es, der begehrt, er möchte das «andere» an sich ziehen, mit sich vereinigen, in sich genießen. Auf den Wegen, auf denen die Seele begehrend den Leib verlässt, sich der Welt, den Mitmenschen fühlend und wollend zuwendet, gibt es unendlich viele Stufen und Grade der Leibtranszendenz, des Verzichts, der Hingabe. In ihnen allen mischen sich Begehren und Liebe.

Mit Großmut tritt der Mensch in den Leib ein und beherrscht ihn durch die geistig-seelische Macht seines vorirdischen «Dämons». Durch Liebe dagegen verlässt er den Leib, um sich – seine Zukunft und seinen Tod vorausnehmend – mit der Welt zu vereinigen. Und diese Welt ist immer konkret: *diese* Situation, *diese* Aufgabe, *dieser* Mitmensch fordern meine Liebe heraus.

Wie die Großmut unter Menschen auch immer mit Kleinmut und Angst, so ist die Liebe immer auch mit mehr oder weniger Begehrlichkeit durchmischt. Und diese Begehrlichkeit ist das konstitutionelle Element dessen, was dann – leibüberschreitend – sich zur Liebe befreit.

Doch – die Wandlung von Großmut zu Liebe ist ein Mysterium. Wo sich dies Mysterium vollzieht, ist der Geist von Golgatha gegenwärtig. *Großmut wandelt sich in Liebe, indem sie durch die Demut geht.* Verständlich wird dieser Gang von der Großmut durch die Demut zur Liebe – das größte aller Mysterien – im Blick auf Christi Passion, Kreuzestod und Auferstehung. In ihnen wird dieses Mysterium, das bis dahin im Verborgenen wirkte, sichtbar, für Augen anschaubar. Aus Großmut lässt sich machtvoll handeln und bedeutungsvoll sprechen. Wandelt sich Großmut in Demut, so schweigt der Myste:

«Und der Hohepriester stand auf und sagte zu ihm: Antwortest du nichts? Was zeugen diese gegen dich? Jesus aber schwieg» (Matt. 26,62).

Wandelt sich kosmische Megalopsychia in göttliche Agape, so muss auch der Leib gewandelt werden:

«Er hat gesagt: Ich kann den Tempel Gottes abbrechen und in drei Tagen ihn wieder aufbauen» (Matt. 26,61).

Der Wandel von Großmut zu Liebe geht durch Leibestod und Auferstehung. Durch diese Auferstehung wird Golgatha zum irdischen Ausstrahlungsort kosmischer Liebe. Die Liebe Christi ist weltweit die Liebe, der kein Begehren beigemischt ist.

Im Anschauen des sichtbar gewordenen Mysteriums beginnt der Weg des Menschen, seine Großmut in Liebe zu wandeln – im Durchgang durch Demut und Schicksal. Das menschliche Mysterium vollzieht sich im Ich, im allerheiligsten Inneren eines jeden Menschen, der seelisch auf Golgatha blickt. Was, aus Großmut geboren, durch Ohnmacht und Erniedrigung ging, bildet die Ausstrahlungskraft des Ich, das seine Substanz der Welt in Liebe gibt. Nachchristlich, so wird deutlich, sind Großmut und Liebe nicht mehr zu trennen.

Wandlungskraft der Demut: Verzicht

Der Satz «Großmut wird zu Liebe» beschreibt, wenn wir ihn umfassend verstehen, die ganze Weltgeschichte. – Denn die in der Schöpfung sich offenbarende Allmacht Gottes beruht auf einer «Konstitution», in der sich – seelisch charakterisiert – göttliche Großmut zeigt. Der Wandel von göttlicher Großmut in Liebe vollzieht sich durch Christi Erdenopfer und seine Auferstehung.

Diesen Wandel spiegelt auch das Denken und Empfinden der nachchristlichen Menschheit wider. So verbindet sich bald mit der vorchristlichen Großmut und dem ihr noch anhaftenden Seelenstolz der Blick auf die Langmut (*Longanimitas*) als verzeihende und duldende Langmut Gottes. Daraus erwächst dem nachchristlichen Menschen, der Christus nachstrebt, die Forderung, Langmut, Geduld und Demut in sein seelisches Tugendleben einzuüben.

Aus dem Mysterienwort «Großmut wird zu Liebe» entwickelt sich zunehmend ein Okular, mit dem sich der Blick öffnet auf intime Vorgänge der nachchristlichen Geschichte, insbesondere auf diejenigen Menschen, die mit dem Format der Großmut in diese Geschichte eingegriffen haben und die ihr durch die Wandlungskraft der Demut, des Verzichts, der Liebe das eingeimpft haben, was man den inneren Fortschritt in der Menschheitsgeschichte nennen könnte.

April

Devotion *wird zu* Opferkraft

21. März bis 1. Mai

Greifswald ▷

*Demut ist die unzeitigste
und modernste Tugend zugleich. –*

Devotion wird zu Opferkraft

Florian Roder

Devotion, Demut ist eine aus der Mode geratene Tugend.* An allem, was das moderne Leben uns beschwörend zuflüstert, hat sie keinen Anteil. Ge-

---

* Ich verwende in diesem Beitrag vorwiegend das deutsche Wort «Demut» anstelle des lateinischen Fremdwortes «Devotion», welches dem auf H.P. Blavatsky zurückgehenden englischen «devotion» entspricht. In der durch Ilona Schubert überlieferten Anordnung steht in Klammern ergänzend *Ehrfurcht* (Rudolf Steiner, *Seelenübungen* I, GA 267, Dornach 1997, S. 74). An der einschlägigen Stelle in dem Schulungsbuch *Wie erlangt man Erkenntnisse der höheren Welten?* begegnet ein ganzer Fächer von Ausdrücken, die Nuancierungen der einen Tugend in eine seelische Farbenvielfalt andeuten: Neben «Ehrfurcht», «Devotion» und «Demut» sind es «devotionelle Stimmung», «Anbetung und Bewunderung», «Ehrerbietung» und «Achtung» (GA 10, Dornach 1992, S. 19-23). Das mag davor behüten, die Sache zu eng zu nehmen und sich auf einen Ausdruck festzulegen.

Das Wort «Demut» scheint mir in dem vorliegenden Zusammenhang angemessener, weil mit dem Mut-Anteil sprachlich auf die vom Ich bewegte Seele hingewiesen ist. «Devotion» dagegen hat, obgleich etymologisch auf unser Thema deutend (lat. «devotus» = «zum Opfer geweiht»), vor allem heute den schwierigen Beiklang des Unterwürfigen (s. Friedrich Kluge, *Etymologisches Wörterbuch*, 21. Aufl., Berlin 1975, S. 130).

fragt sind kritisches Urteil, Pochen auf die eigene Meinung, freie Behauptung der Persönlichkeit gegenüber allem Überlieferten, Althergebrachten. Demut begegnet uns allenfalls noch in den Resten religiöser Gewohnheiten oder in bloßer Unterwürfigkeit.

Demut erscheint aber auch als moderne Tugend. Viele Menschen spüren, dass in dem eingeschliffenen Seelenverhältnis zur Natur wesentlich die Wurzeln der Umweltzerstörung zu suchen sind. Und sie ahnen, dass in dem, was man Ehrfurcht und Demut vor dem Leben nennen kann, ein Heilmittel für den gegenwärtigen Krankheitszustand liegt.

Der anthroposophische Schulungsweg stellt Demut und Verehrung gegenüber dem Göttlichen obenan, gleichviel, ob sich dieses rein geistig offenbart oder mittelbar durch Mensch und Natur zum Ausdruck kommt. Es sind die unerlässlichen Grundpfeiler des Pfades in die höheren Welten – das sanfte Licht, in das jede Seelenregung getaucht sein muss, soll sie auf dem Gang ins Unbekannte fruchtbar werden. Wie aber kann eine Eigenschaft, die den Seelen älterer Zeiten – man denke an das christliche Mittelalter – in reicher Fülle zu Gebote stand, unter den kälter gewordenen Bedingungen des 20. und 21. Jahrhunderts eine Erneuerung erfahren, ohne das moderne Selbstbewusstsein zu unterhöhlen?

Drei Schritte der Wiedererringung zeichnen sich ab, Schritte, die zugleich den Zusammenhang mit der Tugend der Opferkraft erschließen können.

Der *erste Schritt* wird ein mühevoller sein. Er lässt sich nur aus eigengeprägtem Streben vollziehen, das durch wiederholte Anläufe die gesuchte Grundstimmung erzeugt. Ich entdecke, vielleicht in schmerzlichen Selbsterkenntnisprozessen, dass meine alltägliche Verfasstheit alles andere als «demütig» ist. Recht viel hat sie zu tun mit dem, was man in früheren Tagen «Hochmut» genannt hat: «Ich weiß, was in dieser menschlichen Situation die richtige Lösung für alle wäre.» – «Mir ist klar, wie dieser Kollege moralisch beschaffen ist.» – «Warum soll ich mich bei geistigen Fragen derart anstrengen? Das Göttliche muss einfach und eingängig sein, sonst sagt es mir nichts.» – So mag jene innere Stimme sprechen, hinter der sich, in hundert und aberhundert Abwandlungen, mein hochmütiges Selbstgefühl maskiert. Man nehme «Hochmut» nur nicht allzu eng. Ehrlicher Selbstbesinnung wird rasch aufgehen, wie die mit ihm verknüpfte Stimmung in alle Verästelungen meines Seelenlebens hineinreicht. Es ist nützlich, bei solchen Allerweltsurteilen eine Außensicht zu entwickeln, so, als stünde ich mit meinem Ich einer fremden Person gegenüber. Tritt dazu eine leise Scham, die sich des eigenen Nichtwissens schmerzlich bewusst wird, beginnt jenes großartige Selbstbild zu zerbröckeln, das ich mir als Denkmal meines Egos errichtet habe. Der Esoteriker nennt dies die «*Illusion des persönlichen Selbstes*».* Sie versperrt wie ein lastender Fels den Eingang zum Tempel der höheren Erkenntnis. Und schon Novalis, bei dem sich viel Einweihungswissen findet, hat auf das Heilmittel gewiesen, wenn er von der Notwendigkeit der «Selbstverbrennung der Illusion»** handelt. Ich bin, mehr als ich zuerst glauben mag, in der Nähe der hohen Gestalt der Demut, wenn ich Vorgänge wie die angedeuteten in meiner Seele rege mache.

Wie zum Dunklen der Gegenpol des Hellen gehört, müssen zu den negativen, das alte Bild verbrennenden Vorgängen positive Anstrengungen hinzukommen. Günstig wird es sein, wenn ich bei diesen Anstrengungen auf Erfahrungen zurückgrei-

---

* Rudolf Steiner, *Zur Geschichte und aus den Inhalten der erkenntniskultischen Abteilung der Esoterischen Schule 1904-1914* (GA 265), Dornach 1987, S. 414; undatierte Instruktionsstunde.

** Novalis *Schriften*, hrsg. von Richard Samuel u.a., Bd. 2: *Das Philosophische Werk I*, Darmstadt 1981, S. 562, Nr. 187.

fen kann, in denen mir das Erlebnis der Ehrfurcht und Demut auf natürliche Weise zugeflossen ist. Oft ist ein solches Erlebnis in der Kindheit vergraben und nicht immer leicht zu heben. Oft hängt es mit künstlerischen und religiösen Begegnungen zusammen. Wichtig ist, dass ich an ihnen ein Modell haben kann, ein untrügliches Merkzeichen, das mir sagt, ob die richtige Stimmung eingetreten sei. Mit der Zeit werde ich dann die Stimmung von den vorgegebenen Situationen mehr und mehr ablösen können. Es wird mir gelingen, Demut «aus dem Stegreif» herbeizurufen. Mein Ich wird mächtig, in das sonst unkontrollierbare Seelengewoge unterzutauchen und die Geste der Demut zu formen. Was anfangs Mühe kostete, woran ich oft und oft gescheitert bin, wenn sich die erwünschte Geste nicht einstellen wollte, geht plötzlich ohne Anstrengung, ja mit Freude und beseligender Leichtigkeit.

Wir sind zum *zweiten Schritt* vorgedrungen. Der innere Kampf mit Blick auf die ideale Gestalt, das heiße Ringen um Momente demutsvoller Stimmung ist in Ruhe übergegangen. Demut ist mir zur Fähigkeit geworden, die ich jederzeit willkürlich hervorbringen kann. Auf dieser Stufe wendet sie sich aber auch dem Weltzusammenhang zu. Sie tritt aus dem Kreis subjektiver Eigenanstrengung heraus. Wie eine Blüte, die sich öffnet, wenn die Sonne sie bescheint, tut die Himmelsstimmung der Verehrung ihren Kelch auf, sobald ein Gedanke, eine Wahrnehmung herankommen, welche die entsprechende Stimmung fordern. Das Organ der Demut antwortet fraglos, wenn die Welt es anspricht.

Bleibt noch Raum, um eine *höhere Entwicklungsstufe* zu erringen? Zunächst allem Anschein nach nicht. Wie soll das, was mir als freie Fähigkeit zur Verfügung steht, überboten werden? Denkbar wäre ein Fortschreiten nur in einer Richtung. Die Organ gewordene Demut ist der Welt analog. Sie steht mit ihr im Gleichgewicht. Wie aber, wenn das im Innern Quellende ein Übergewicht bekäme? Wenn nicht nur Entsprechung waltete, sondern Substanz herausträte; wenn die Quelle so mächtig würde, dass das Ich von seinem Überfluss abzugeben hätte? Geschähe das, wäre der Vorgang nicht mehr «Demut» zu nennen. Aus der Fülle der Demut, aus dem andächtigen Eingefügtsein in den kosmischen Reichtum der Welt wäre eine neue Gestalt hervorgegangen: die *Opferkraft*. Durch freies Verschenken, durch ausfließende Hingabe wird aus der Demut das Opfer.

Die *erste Stufe* lebt aus der Tätigkeit, aus individuellem Ringen. Sie sehnt sich nach dem höheren

Zustand und kann ihn nur in herausgehobenen Augenblicken verwirklichen. Ihr inneres Gesetz heißt «*Bewegung*».

Die *zweite Stufe* ist verdichtetes Ergebnis der ungezählten Anläufe auf der vorangegangenen Stufe – der große See der Demut, in den die ruhelosen Bewegungen eingeflossen, in dem sie zur spiegelglatten Stille geronnen sind. Ihr inneres Gesetz heißt «*Weisheit*» oder «*Rhythmus*». Der Begriff «Rhythmus» deutet jenen Ausgleich an, den die unerfüllten Pendelschläge des Tätigseins im harmonisierten Zustand der jetzigen Stufe gewonnen haben.

Die *dritte Stufe* bringt eine umstürzend neue Qualität, ohne dass die vorige aufgegeben wäre. Glich diese einem bis zum Rand gefüllten Becher, so die nun erstiegene einem Glas, aus dem das Wasser überzufließen beginnt. Das innere Gesetz der Stufe heißt schöpferischer «*Wille*».* Ihre Geste lebt in der Weltausgießung, in der Wirkung über die enggezogenen Grenzen der Persönlichkeit hinaus.

Demut ist die unzeitigste und modernste Tugend zugleich. Sie schenkt uns die «gerechte» Erkennt-

---

* Zu den drei Schritten der Entwicklung und ihrer menschenkundlichen Verankerung s. Rudolf Steiner, *Grundelemente der Esoterik* (GA 93a), Dornach 1976, S. 22ff.; Vortrag vom 27. 9. 1905.

nisstellung zur Welt. Sie ist das Gegengewicht, das wir nötig haben, um nicht in den Abgrund der Freiheit zu stürzen. Opferkraft ist die zukünftigste Tugend, die unergründlichste – und die älteste. Sie lässt uns zu Mitgestaltern werden am Bau der Welt. So wie sie es war, durch die im Uranfang das Fundament dieses Baues gegossen wurde.

Mai

Inneres Gleichgewicht *wird zu* Fortschritt

21. April bis 1. Juni

Friedersdorf ▷

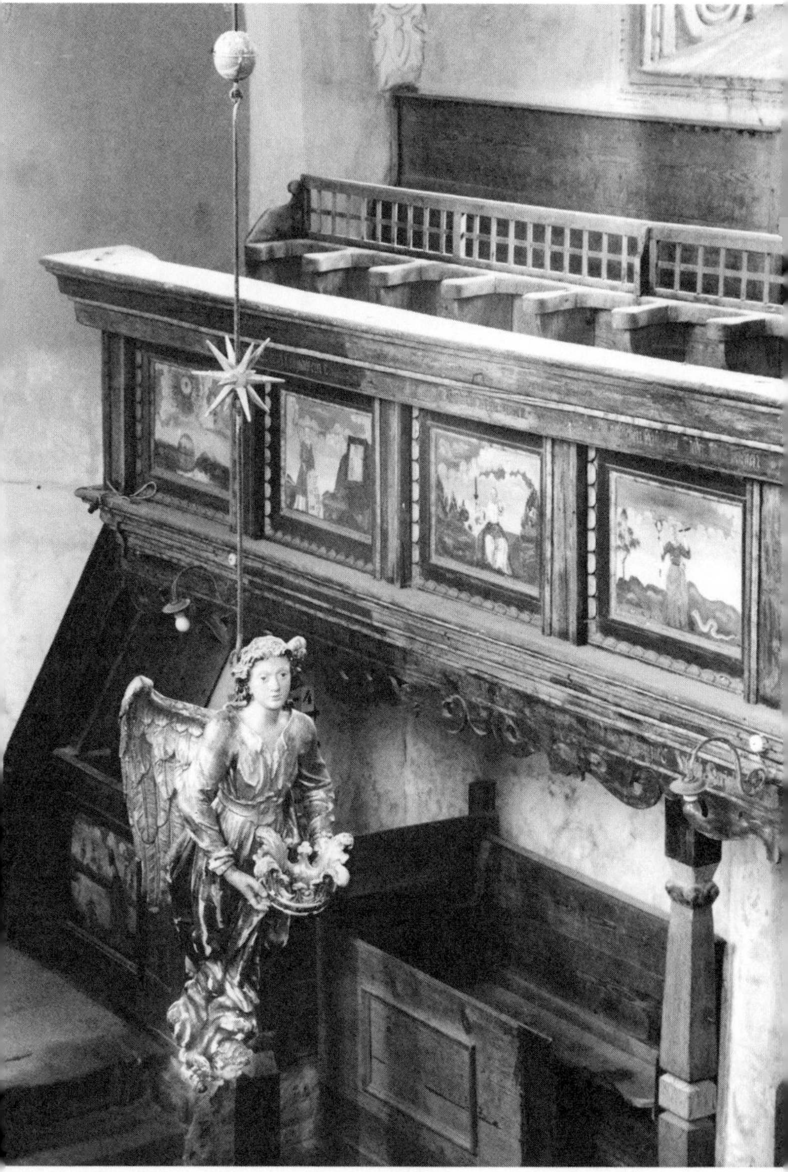

*Die Suche nach Gleichgewicht
löscht die Gegensätze
nicht aus. –*

Inneres Gleichgewicht wird zu Fortschritt

Nana Göbel

Das gewöhnliche Leben ist ein Leben in Gegensätzen. Die immer komplizierter werdende Welt mag die einfachsten Gegensätze, die zugleich grundlegend und hochwirksam sind, vielleicht zudecken, diese bilden jedoch nach wie vor den leiblichen und seelischen Boden unseres Lebens im Alltag.

Wir wachen am Morgen auf und sind fortan den Tag über – eigeninitiativ oder von außen angeregt – aktiv im Gebrauch derjenigen Organe, die uns für Sinneswahrnehmung und Denken zur Verfügung stehen und uns so Welterfahrung ermöglichen. Wir gebrauchen unseren Willen im Versuch, der von uns wahrgenommenen Welt den Beitrag der eigenen Individualität einzuverleiben. Wir vollziehen in unserem Gemüt die seelischen Bewegungen unserer Mitmenschen mit und sind empfindend an der von uns vorgefundenen Welt der Natur und der Menschen beteiligt. Dies geschieht während des

Tages. Dann schlafen wir irgendwann ein und wissen nichts mehr von uns, unser Alltags-Ich darf den Griff auf Leib und Seele verlassen. Diesen Gegensatz von Tag und Nacht, das Wunder unseres Überlebens, durchlaufen wir siebenmal in einer Woche.

Größer als dieser Gegensatz ist derjenige zwischen Geburt und Tod, kleiner derjenige, der sich an jedem Tag im Wechsel zwischen Wahrnehmen und Denken abspielt, – oder der sich, im Blick auf das empfindende Miterleben der Welt, im Wechsel zwischen Sympathie und Antipathie zeigt. Das atmende Leben in Gegensätzen – leiblich wie seelisch und geistig – macht unser gewöhnliches Alltags-Leben aus, macht es interessant und gibt ihm die nötige Lebenskraft.

Die Suche nach Gleichgewicht löscht die Gegensätze nicht aus. – Würde sie das tun, wäre das Leben nicht weiter durchführbar, Tod wäre die Folge. Mit der Suche nach Gleichgewicht tritt aber etwas ein, was zunächst als ein Sich-Erheben über den Gegensatz erscheinen könnte, auch wenn es das nicht ist. Diesen Vorgang nur als ein Pendeln zu beschreiben, wäre zu einfach. Es bricht etwas auf und wir entdecken eine Instanz im Menschen selbst, die vom Leben im Gegensatz nicht berührt ist und die für ihre pure Existenz eines sich einstellenden oder erübten Gleichgewichtes nicht bedarf: das Ich, die Individualität, die eben nicht geteilt werden kann. Individualität ist nicht Gegensatz, es ist das Einzige im Menschen, das nicht im Gegensatz lebt.

Die Individualität ist gleichzeitig diejenige Instanz im Menschen, die an den Gegensätzen, welche in der eigenen Seele erscheinen oder auf dem Boden der eigenen Seele ausgetragen werden, aus sich heraus arbeiten kann. Aus dem Ich schaffen heißt: Gleichgewicht erbauen, ein Gleichgewicht, das in der Kenntnis der Gegensätze in der eigenen Seele und aus dem Vermögen entsteht, diese bewusst zu ergreifen und mit ihnen gerade dort umzugehen, wo sie heilsam, d.h. in einem Sinnzusammenhang wirkend, eingesetzt werden können. Ein so erübtes Gleichgewicht wird niemals bleibend oder zuständlich; es ist ein labiles Erreichnis, das von der Anwesenheit dieser Ich-Kraft, aus der es entsteht, abhängig ist.

Im Blick auf das Osterereignis geistig gewendet wird etwas Höheres sichtbar: Der Christus erscheint uns als dasjenige geistige Wesen, das sich zwischen Luzifer und Ahriman als «Einiger» über den Gegensatz erhebt. In Christus kann so als Urbild erlebt werden, wie durch die Überwindung der

Fesseln des Gegensätzlichen geistiger Fortschritt eröffnet wird.

Für die Individualität des Menschen stellt sich Fortschritt, dasjenige Fortschreiten, das echte Entwicklung eröffnet, dann ein, wenn Gleichgewicht aus der Kraft des Ich den inneren Seelenraum schafft, in dem Entwicklung erst möglich ist. Es ist die innere Ruhe, aus der sich Neues gebiert.

So wird selbsterübte seelische und geistige Entwicklung zum Fortschritt, der auf dem Equilibrium aufbaut.

Juni

Ausdauer *wird zu* Treue

21. Mai bis 1. Juli

Gottberg ▷

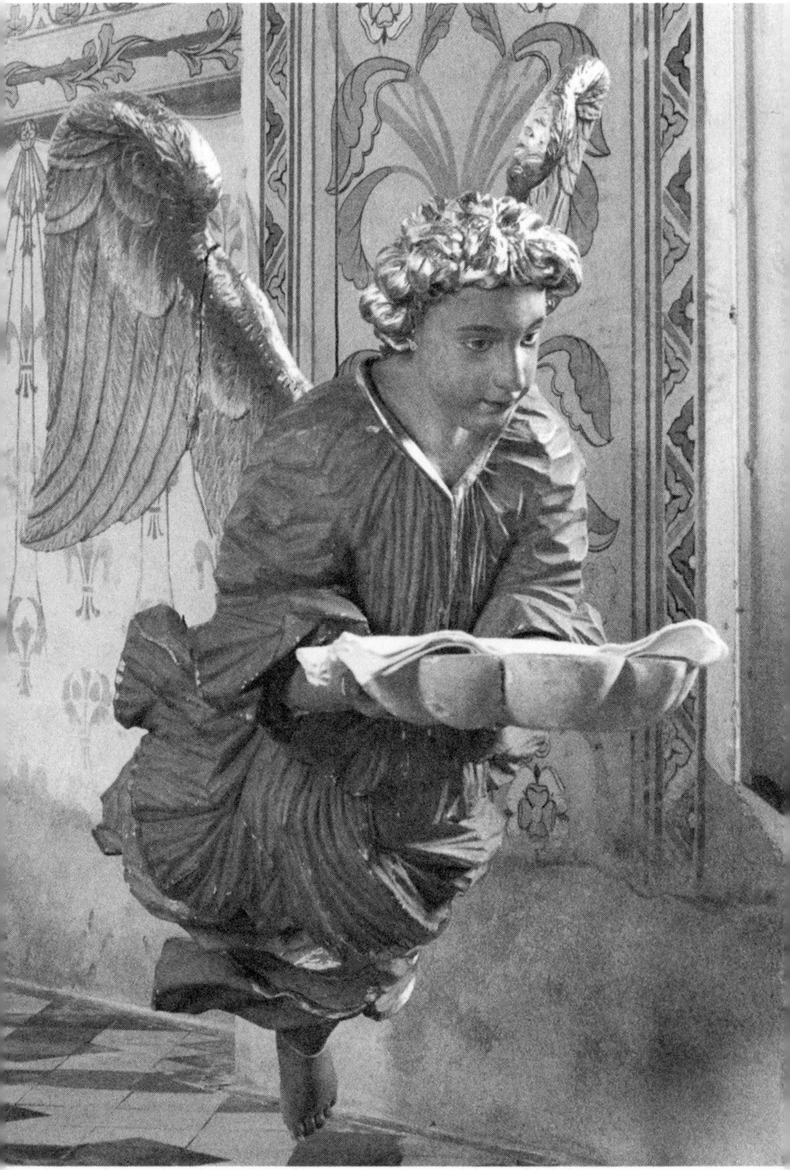

Von Natur aus sind wir nun einmal nicht ausdauernd. –

Ausdauer wird zu Treue

Andreas Neider

Wenn wir über die Tugenden und unsere Erfahrungen mit ihnen nachdenken, dann stoßen wir zunächst immer auf ihre Gegenteile – die Untugenden. In unserem Falle – bei der Ausdauer und Treue – auf die Unbeständigkeit und die Untreue. Die Grundlage jeglichen Strebens, sein Leben nach moralisch-ethischen Gesichtspunkten einzurichten, ist gerade dieses Erlebnis: Wir haben ein bestimmtes Ideal, dieses oder jenes tun zu wollen, wir tun es aber nicht, weil uns *etwas* daran hindert. Wer oder was ist dieses *Etwas*? Wer oder was hindert uns daran, Ausdauer zu zeigen, treu zu sein, zum Beispiel beim Durchführen einer Übung?

Die Alltagserfahrung zeigt uns die Unbeständigkeit unseres Wesens, ja der menschlichen Natur überhaupt, denn von Natur aus sind wir nun einmal nicht ausdauernd. – So, wie wir von Natur aus beschaffen sind (Aristoteles spricht davon, dass keine der ethischen Tugenden uns von Natur aus eigen ist), neigen wir zur Unstetigkeit. Dennoch oder gerade deshalb erscheint uns die Ausdauer als eine Tugend. Wodurch können wir diesen Zwiespalt überwinden, wie erwerben und üben wir eine Tugend?

«Die Tugenden erwerben wir, indem wir sie zuvor ausüben, wie dies auch für die sonstigen Fertigkeiten gilt.»

So meint jedenfalls Aristoteles.

«Denn was wir durch Lernen zu tun fähig werden sollen, das lernen wir eben, indem wir es tun: durch Bauen werden wir Baumeister und durch Kithara spielen Kitharisten.»

Die Unstetigkeit unserer Natur überwinden wir also durch die Übung der Ausdauer. Wie aber?

Unstetigkeit ist die Eigenschaft alles Leiblich-Seelischen, eben unserer Natur, während Ausdauer oder Dauer überhaupt die Eigenschaft des Geistigen ist. Der Begriff des Baumes ist dauernd, während der Baum in der Natur entsteht und vergeht. Das Wesen des Menschen, sein Ich ist dauernd, es hat Ewigkeitscharakter, sein Leiblich-Seelisches aber entsteht und vergeht und ist dem Wechsel unterworfen.

Zur Übung der Ausdauer muss diese Unstetigkeit

überwunden werden, das heißt das Dauernde im Menschen muss sich gegenüber dem Wechselnden, das Geistige gegenüber dem Leiblich-Seelischen behaupten. Darin besteht das Tugendhafte, wird die Tugend der Ausdauer erlebbar.

Die Übung der Monatstugenden wird von Rudolf Steiner an den Tierkreis angeschlossen, die Übung der *Ausdauer* an das Sternzeichen der *Zwillinge*. Natürliche Eigenschaft des Zwillings aber ist die Unstetigkeit, das Hin- und Herschwanken zwischen Möglichem und Wirklichem. Die Kräfte des Tierkreises haben dem Menschen seine Natur, seine leiblich-seelischen Grundlagen verliehen. Auf ihnen baut er mit seinem Geistigen auf, sie gilt es vom Geistigen, von der Zukunft her zu verwandeln. Durch das Menschsein auf der Erde *kann* aus dem kosmisch gegebenen Tierkreis der Vergangenheit ein neuer, menschlich durchgeistigter Tierkreis werden.

Der Mensch lebt in der Spannung zwischen seinem Geistig-Ewigen und dem Leiblich-Seelisch-Gewordenen. Er ist ein werdendes Wesen, und der stärkste Ausdruck dieses Werdens ist eben die Übung der Tugenden. Dadurch durchdringen sich die beiden sonst unverbundenen Sphären und etwas *Neues* entsteht. Der Herr dieser *Neuen Welt* ist der Christus, er ist uns in diese Welt vorausgegangen, er ist *der Weg* dorthin. Wenn wir ihm folgen, wird aus der Übung der Ausdauer die christlich verwandelte Tugend der *Treue* – die Hände, die vom Tierkreiszeichen der Zwillinge beherrschte Leibesregion, werden zu *treuen Händen.*

Juli

Selbstlosigkeit *wird zu* Katharsis

21. Juni bis 1. August

Bautzen ▷

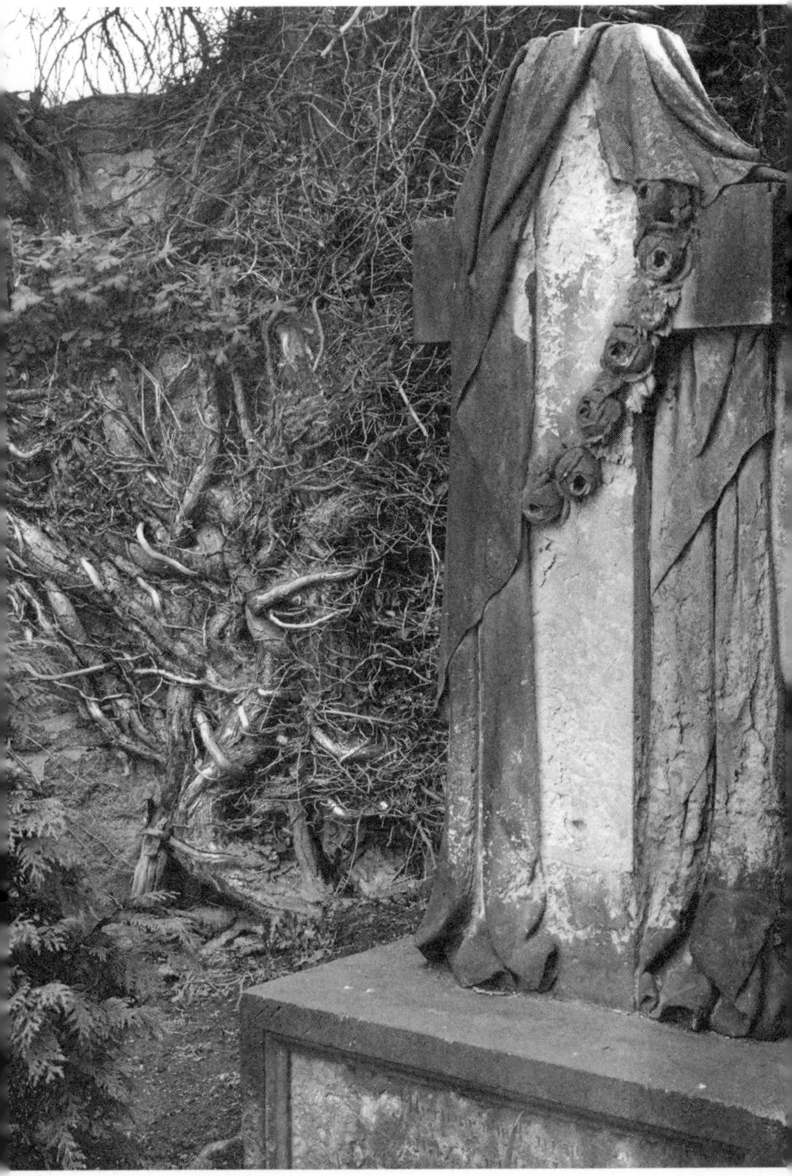

Sich in der Haltung der Selbstlosigkeit zu üben, bedarf der Erkenntnis des Zusammenwirkens der einzelnen Wesensglieder des Menschen. –

Selbstlosigkeit wird zu Katharsis

Thomas Hilden

Rudolf Steiner hat die zwölf Tugenden dem Jahreskreis zugeordnet. Der Zugang erfolgt durch die Verinnerlichung der mehr und mehr nach außen gerichteten Fähigkeiten des Menschen. Der Mensch hat sich auf dem Weg zur Entfaltung seiner Persönlichkeit weit entfernt von seinem ursprünglichen Sein. Er wurde erschaffen als das Ebenbild Gottes; der Vatergrund war ihm Lebensgrundlage. Er lebte sich darin aus ohne das Bewusstsein der Abgrenzung seines Selbstes. Durch das Wirken Luzifers kam es zur Ab- und Ausgrenzung. Der Mensch erwachte an sich selbst und verlor seine Reinheit. In der jetzigen Phase menschlicher Entwicklung ist dieses Eigenerleben so vordergründig geworden, dass die geistige Ebene menschlichen Seins nur durch intensives, meditatives Bemühen aktiviert und zum Erleben gebracht werden kann.

John Steinbeck beschreibt in einer Art Standortbestimmung die veränderten Haltungen menschlichen Seins. Menschliche Eigenschaften wie Güte, Großzügigkeit, Offenheit, Ehrlichkeit, Verständnis und Gefühl sind in unserer Gesellschaft Symptome des Versagens. Negativ besetzte Charakterzüge wie Gerissenheit, Geltungsbedürfnis, Gewinnsucht und Egoismus hingegen sind Merkmale des Erfolges. Man bewundert die Qualität des Ersteren und begehrt die Erträge des Letzteren. Was können wir von einer solchen Beurteilung menschlichen Seins ableiten?

Die Ahnung von dem Vorhandensein eines höheren Seins im Menschen erzeugt die Bewunderung für die positiven Eigenschaften wie Güte, Großzügigkeit, Offenheit, Ehrlichkeit, Verständnis und Gefühl. Der Wille, diesen erahnten Idealen zu folgen, müsste übend ergriffen werden; das fällt schwer, weil die Wirkungen sich erst nach und nach im Inneren des Seelenlebens als wirksam erweisen und im äußeren Leben zunächst wenig einbringen. Im Letzteren, im Begehren der Erträge seiner egoistisch ausgelebten Fähigkeiten wie Gerissenheit, Geltungsbedürfnis, Gewinnsucht u.a., genießt der Mensch die Wirkungen und den Besitz, der ihm zukommt durch das Ausleben seiner individuellen Bedürfnisse. Er fühlt sich berechtigt, seiner Selbstbezogenheit Geltung zu verschaffen. Das Ausleben der oberflächlichen seelischen Bedürfnisse, ohne dass ein geistiges Führungsprinzip als Mitgestalter einbezogen wird, führt zur Selbstsucht. Es entsteht Leere, in der sich Umkehrungen im Hinblick auf objektiv geistiges Wirken in der Seele ergeben. Die im Grunde hohen Ideale wie Selbstbestimmung und Selbstverwirklichung werden ergriffen und bestimmt von Egoismus und vom Triebleben. Die Selbstbestimmung wird zur hohlen demokratischen Formel und führt in die Abgrenzung und zu egoistischen Verhaltensweisen. Die Selbstverwirklichung richtet sich aus an der Macht über andere und dem Lustgewinn.

In dieser sich verstärkenden Selbstbezogenheit wird das Gegenbild von der Selbstlosigkeit erlebbar. Der Mensch lebt zwar in der Sehnsucht, ein Selbst zu sein; er bedient sich aber nur der oberflächlich in Erscheinung tretenden Seelenkräfte, das wirkliche Seelenleben bleibt verborgen, wenn es nicht gepflegt wird.

Wenden wir uns dem seelenpflegenden Übungsweg zu (wie er in der anthroposophischen Heilpädagogik beschritten wird): Sich in der Haltung der Selbstlosigkeit zu üben, bedarf der Erkenntnis des

Zusammenwirkens der einzelnen Wesensglieder des Menschen. – Während physischer Leib und Ätherleib von der Geburt bis zum Tode sich in Übereinstimmung halten, tauchen der astralische Leib und das Ich nur phasenweise ein und erheben sich zu bestimmten Zeiten in andere Dimensionen geistigen Wirkens, um sich mit neuen Kräften zu erfüllen. In der Lösungsphase, des Schlafes, fordert die objektiv existierende moralische Welt ihre Urteile zu allen unseren Taten und Versäumnissen. In dieser findet die moralische Selbstbeurteilung statt für das, was im intellektuellen Tagesleben unterdrückt wurde. Das Gewissen bildet sich heraus. Diese Seelenkräfte des Menschen tragen bei der Geburt als Zielvorgabe in sich, durch Selbsterziehung und Selbstbildung die Verbindung zu dem in der Reinheit lebenden geistigen Selbst wieder zu erringen. Diesen Weg gehen zu können, wird durch eine religiöse Erziehung im Kindesalter vorbereitet und kann im späten Alter bewusst ergriffen werden.

Der über das Bewusstsein ergriffene Übungsweg wird von Rudolf Steiner als eine Erhebung beschrieben. Der Seins-Charakter dieses geistigen Selbstes kann erlebt werden:

> Strahlender als die Sonne,
> Reiner als der Schnee,
> Feiner als der Äther
> Ist das Selbst,
> Der Geist in meinem Herzen.
> Dies Selbst bin Ich,
> Ich bin dies Selbst.
>
> *Rudolf Steiner*

Das Bemühen um das Ideal der Selbstbildung führt zum inneren Erleben der Wahrheit, sie bewahrt vor der Illusion und Selbstaufgabe. Verbunden mit der Pflege der Andacht zum Kleinen wird die Gefahr der Eitelkeit, d.h. dem Fanatismus und der Weltflucht zu erliegen, vermieden. Der Mensch wird bescheiden, nur das Wesentliche bekommt Bedeutung. Das zweite Ideal, die Selbsterziehung zu praktizieren, bewirkt eine Erkenntnis von den Wirkungen der Wesensglieder und der Möglichkeit, sie in positiver Weise zu gestalten. Auf diesem Wege werden die Qualitäten seelisch-geistiger Gesetzmäßigkeiten erfahrbar. Im Verzicht wird die Leidensfähigkeit verwandelt. Es werden die seelischen Wirkungen des Gebens und Nehmens wirksam. Im Seelischen auf etwas zu verzichten, etwas hinzugeben, bewirkt eine Zunahme seelischer Kräfte. Von etwas Besitz ergreifen, etwas für sich behalten zu wollen, macht ärmer, es entsteht seelische Leere bis hin zur Sucht. Im Irdischen, im Umgang mit Materie wirkt das umgekehrte Prinzip.

Der bewusst ergriffene Übungsweg, in der eigenen Lebensführung selbstlos zu werden, erfordert, die einzelnen Schichten seelischer Wirksamkeiten zu durchdringen, sie bewusst zu ergreifen und übend zu verwandeln. Die Bemühung, nur auszuleben, was in Verbindung mit der Wahrhaftigkeit Bestand hat, führt zur Läuterung. Wenn aus Verzagtsein esoterischer Mut entsteht, aus der Versuchung der Selbstaufgabe Selbstvertrauen entstehen kann, erleben wir Katharsis. Sie wird wirksam im Erreichen der Ungebundenheit, das Leben unter Anerkennung des selbstgewählten Erdenschicksals so zu gestalten, dass die Reinheit des Selbstes als Träger der Willensimpulse in das menschliche Sein einfließen kann. Wenn die Paulusworte «Nicht ich, sondern der Christus in mir» im einzelnen Menschen wirksam und dadurch zum Zivilisationsprinzip werden können, bedeutet die Tugend: *Selbstlosigkeit wird zu Katharsis,* meditativ erfasst, dass der Mensch aus der ihm zugekommenen Läuterung die gewonnene Freiheit so einsetzt, dass er selbst zum Heilmittel, zum Wegbereiter eines neuen sozialen Kulturimpulses werden kann.

August

Mitleid *wird zu* Freiheit

21. Juli bis 1. September

Wildschütz ▷

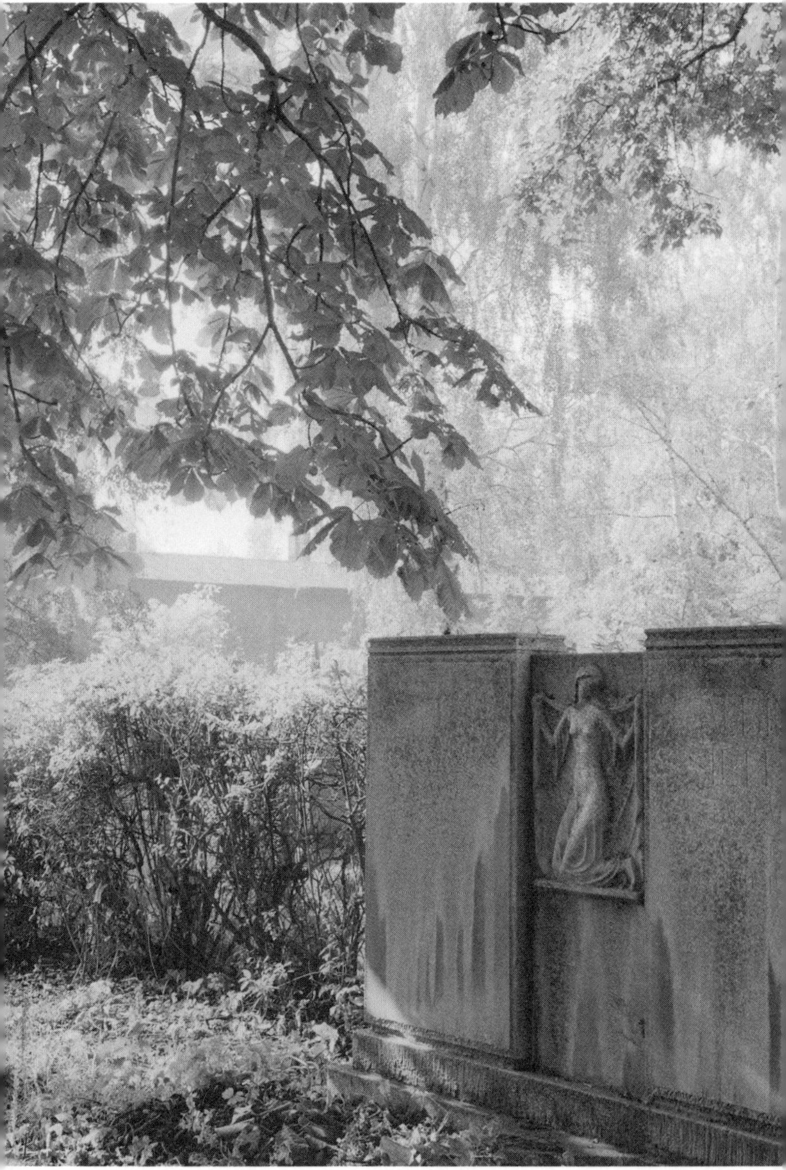

*Das Mitleid fühlende Herz
verbindet sich
hellhörenddenkend
mit dem Himmelsgesandten
und macht frei. –*

Mitleid wird zu Freiheit

Jean-Claude Lin

Es ist eine Eigentümlichkeit der Seelenverfassung des Mitleids, dass sie die gegensätzlichsten Anschauungen über ihre Bedeutung im Leben des Menschen hervorruft. Dem einen (Schopenhauer) gilt sie als «Quelle aller und jeder ehemaligen und zukünftigen moralischen Handlung». Dem anderen (Nietzsche) als «verächtlich und einer starken, furchtbaren Seele unwürdig». «Der mitleidigste Mensch ist der beste Mensch», pries Lessing. Aber: «Wer einmal, versuchsweise, den Anlässen zum Mitleiden im praktischen Leben eine Zeitlang absichtlich nachgeht und sich alles Elend, dessen er in seiner Umgebung habhaft werden kann, immer vor die Seele stellt», gibt Nietzsche unerbittlich zu denken, «wird unvermeidlich krank und melancholisch» (*Morgenröte*, §134).

Käte Hamburger kommt am Ende ihrer klugen, umsichtigen Erörterungen über das Mitleid zu dem

Ergebnis, dass das Mitleid ethisch neutral sei: «Es scheint nicht zu viel und nicht zu wenig gesagt zu sein, wenn wir ihn [den Ort, den im Bereich der Ethik das Mitleid besetzt] als einen im ethischen Sinne neutralen bezeichnen. Einen ‹mitleidigen Menschen› gibt es nicht, wie es einen guten, gerechten, selbstlosen, tapferen usw. Menschen gibt.» In der Mitte ihrer Ausführungen steht der vielsagende Satz:

«Die Crux der Mitleidspsychologie, das Leiden eines anderen Menschen nachzuvollziehen, ohne es wirklich nachzuvollziehen, ist denn auch bis in unsere Zeit nicht gelöst worden» (Käte Hamburger, *Das Mitleid*, S. 68).

So wie der freie Mensch erst ein in sich werdender ist, ist auch der an Freud und Leid des anderen wahrhaft teilnehmende Mensch ein erst in Entwicklung befindlicher.

Eine alte russische Erzählung, die Herbert Hahn in seinen Betrachtungen über den Genius Europas zitiert, kann uns unmittelbarer und tiefer in die eigentliche Sphäre des Mitleids als Kraft der Freiheit Einblick gewähren als dies eine diskursive Erörterung zunächst erreichen könnte.

Da wird von einem blinden, verkrüppelten, ganz und gar auf die Pflege der Angehörigen angewiesenen Jungen Ilja erzählt:

Eines Tages, als wieder die Erntezeit gekommen war, zog alles aufs Feld hinaus. Wie immer versorgte die Mutter den leidenden Sohn gut, gab ihm zu essen und zu trinken; dann eilte auch sie zur Arbeit.

Ilja lag ganz friedlich da. Nach einiger Zeit schien es ihm, als ob er vom Hof her Schritte hörte. Und wirklich kam es näher, schleppend und schwer, wie wohl jemand geht, der alt und müde ist. Die Tür wurde aufgemacht, und jemand trat ein, mühsam nach Atem ringend, und blieb einen Augenblick stehen. Dann schleppten sich die Schritte an Iljas Bett heran.

Ilja erschrak keinen Augenblick, sondern fragte nur: «Gott zum Gruß, wer bist du?»

«Gottes Dank», erwiderte eine tiefe, aber leise Stimme, «ich bin ein müder Wanderer».

«Sei willkommen, Wanderer», sagte Ilja, wie er oft von den Eltern gehört hatte. «Es ist mir leid, dass ich nichts für dich tun kann; aber ich kann gar nicht aufstehen. Raste immerhin ein wenig!»

Der Fremde schwieg eine Weile. Dann sprach er und seine Stimme zitterte: «Ich kann jetzt nicht rasten. Der Morgen ist kühl, und ich bin schlecht bekleidet. Mich fröstelt. Wärme mich, Ilja!!» – «Du kennst meinen Namen?» rief Ilja erstaunt. «Bist du vom Dorf?»

«Ich bin nicht vom Dorf, ich komme weit her. Doch Gottes Engel haben die lieb, die reinen Herzens sind, und kennen alle ihre Namen. – So wärme mich doch, Ilja!»

Der Jüngling fühlte Erbarmen: «Nimm die Decke von meinem Bett», sagte er freundlich, «und hülle dich ein!» – «Ich darf sie nicht nehmen, Ilja, du musst sie mir geben.» – «Aber ich kann ja die Arme kaum heben!» sagte Ilja.

«Wenn du mir die Decke gibst, wirst du sie heben können. Tu's nur immer!»

In dieser Stimme, so sanft sie klang, war etwas, das keinen Widerstand litt. Ungläubig zwar und nur, wie um seinen guten Willen zu zeigen, machte Ilja eine schwache Bewegung. Doch siehe, er spürte ein wenig Kraft in Armen und Händen. Er konnte die Decke heraufziehen und dem Fremden zureichen, der nach ihr griff. Dann schienen die Arme Iljas ganz erlahmt zu sein und sanken herab.

«Gottes Dank!» sagte der Fremde. Er

Weitere Informationen zum Verlag Freies Geistesleben
und seinen Büchern finden Sie im Internet:
www.geistesleben.com

☐ Bitte senden Sie mir das aktuelle Gesamtverzeichnis

Absender:

Name

Straße / Postfach

Postleitzahl / Ort

e-mail

Antwort

An den
Verlag Freies Geistesleben
Postfach 13 11 22

70069 Stuttgart

Bitte ausreichend
frankieren

Liebe Leserin, lieber Leser,

mit dieser Karte können Sie uns Ihre Fragen und Wünsche oder Ihre Meinung zum Buch mitteilen.

Diese Karte entnahm ich dem Buch: _____

Meine Meinung zu diesem Buch:

Ich habe folgende Fragen / Wünsche:

schien sich einzuhüllen, und es entstand ein längeres Schweigen.

Da ertönte wieder die Stimme: «Ich bin so hungrig, Ilja. Willst du mir nicht etwas zu essen geben?» – «Ich kann ja nicht aus dem Bett heraus, guter Fremder. Aber in der Ecke steht ein Schrank, dort hat die Mutter immer etwas Brot bereit. Geh nur, und nimm dir davon!» – «Ich darf mir nicht selber Brot nehmen, du musst es mir reichen, Ilja!» – «Ach ich habe mein Bett doch noch niemals verlassen», seufzte der Jüngling. – «Verlass es nur jetzt», sagte der Fremde. «Deine Beine werden dich tragen, wenn du mir Brot holst.»

Wieder gehorchte Ilja, und unter unsäglicher Mühe tastete er sich zum Bett heraus und kroch zum Schrank, den er lange nicht öffnen konnte. Aber es wurde ihm doch soviel Kraft gegeben, dass er das Brot langen und es dem Fremden reichen konnte. Dann schienen ihm fast die Sinne zu schwinden, und er sank auf sein Bett zurück.

«Gottes Dank», sagte der Fremde wieder. Er aß bedächtig, und abermals wurde es still.

Doch ein drittes Mal wandte sich der Unbekannte an den Jüngling.

«Ich habe Durst, Ilja. Willst du mir nicht zu trinken geben?» – «Frisches Wasser ist nur draußen im Brunnen auf dem Hof, dort, wohin ich niemals gelangen kann. Sei doch so gut, lieber Gast, geh selbst hin und schöpf' dir welches!»

«Ich darf mir nicht selber Wasser schöpfen, du musst es mir bringen, Ilja!»

Jetzt wurde der Jüngling ganz traurig. «O, ich kann ja nicht einmal sehen, wo der Brunnen ist!» rief er. «Meine Augen sind blind.» – «Gott wird dich leiten, wenn du Wasser suchst. Du wirst es finden.»

Noch einmal verließ Ilja sein Bett. Fast schien es ihm noch mühsamer als zuvor. Mit zitternden Händen ertastete er sich ein Gefäß, machte mit aller Anstrengung die Tür auf – und stieß erst gegen etwas ganz Großes und Hartes. Das Gefäß drohte ihm aus der Hand zu fallen. «Geh nur unbeirrt weiter!» rief von drinnen die Stimme des Fremden.

Ilja atmete tief. Er war wie betäubt von der frischen Luft, und doch schien es ihm selig, sie zu atmen. Und wirklich, es gelang ihm, den Brunnen zu finden und das Wasser zu schöpfen.

Als er in völliger Unbeholfenheit am Brunnen hantierte, machte er soviel Geräusch, dass ein alter abgetakelter Gaul seinen Kopf zur Stalluke hinausstreckte. Das Pferd war zu nichts mehr nütze und sollte nächstens an einen Schinder verkauft werden. Gleich Ilja war es zu Hause gelassen worden. Der Gaul hatte diesen ärmsten Sohn des Bauern noch nie zu Gesicht bekommen. Und, wer weiß, wie es zuging, er wieherte plötzlich.

Ilja hatte Freude daran, tappte sich zum Gaul hin, fuhr ihm mit seiner nassen Hand über das Maul und sagte: «Ja, ja, mein gutes Pferd, wir verstehen uns schon!» Dann schleppte er sich wieder langsam, ganz langsam zu seinem Gast zurück. Seine Hand konnte das schwere Gefäß schier nicht mehr halten, und sein Hemd war feucht vor lauter Anstrengung.

«Gottes Dank!» sagte der Gast, nahm das Gefäß entgegen und trank. Er hatte den Jüngling an der Hand gefasst. «Nun trink auch, Ilja», sprach er, und seine Stimme klang plötzlich hell wie Erz.

Ilja trank. Und siehe, da knackte und krachte es in allen seinen Gliedern, sie reckten und streckten sich, und eine gewaltige Kraft fuhr in sie hinein. Er hatte aber gar nicht Zeit, darüber nachzudenken, denn der Fremde spritzte ihm jetzt von dem Wasser über beide Augen. Es war zugleich wie ein Blitz und wie ein Sonnenaufgang. Als aber Ilja seine sehend gewordenen Augen auftat, war der Fremde verschwunden. (Aus: Herbert Hahn, *Vom Genius Europas*, 4. Auflage, Band 4.)

Ilja ist heil geworden. Draußen findet er statt des alten Gauls ein feuriges Streitross und eine golden schimmernde Rüstung mit Schild und Schwert. Er kann das Leben eines Helden führen und für die Freiheit des Menschen kämpfen. Das Mitleid mit dem Wanderer hat ihn stark gemacht. Ilja ist über sich selbst hinausgewachsen. – Es ist ein feiner Zug dieser sagenhaften Erzählung, dass Ilja anfangs blind und ganz auf das *Hören* angewiesen ist. Über das erhöhte Hörvermögen verbindet er sich mit dem himmlischen Wanderer. In dessen insistierender Stimme erklingt eine höhere, hellere Kraft des Denkens. Das Mitleid fühlende Herz verbindet sich hellhörend-denkend mit dem Himmelsgesandten und macht frei. Da wird uns ein Weg angedeutet:

Mitleid wird zu Freiheit.

September

Höflichkeit *wird zu* Herzenstakt

21. August bis 1. Oktober

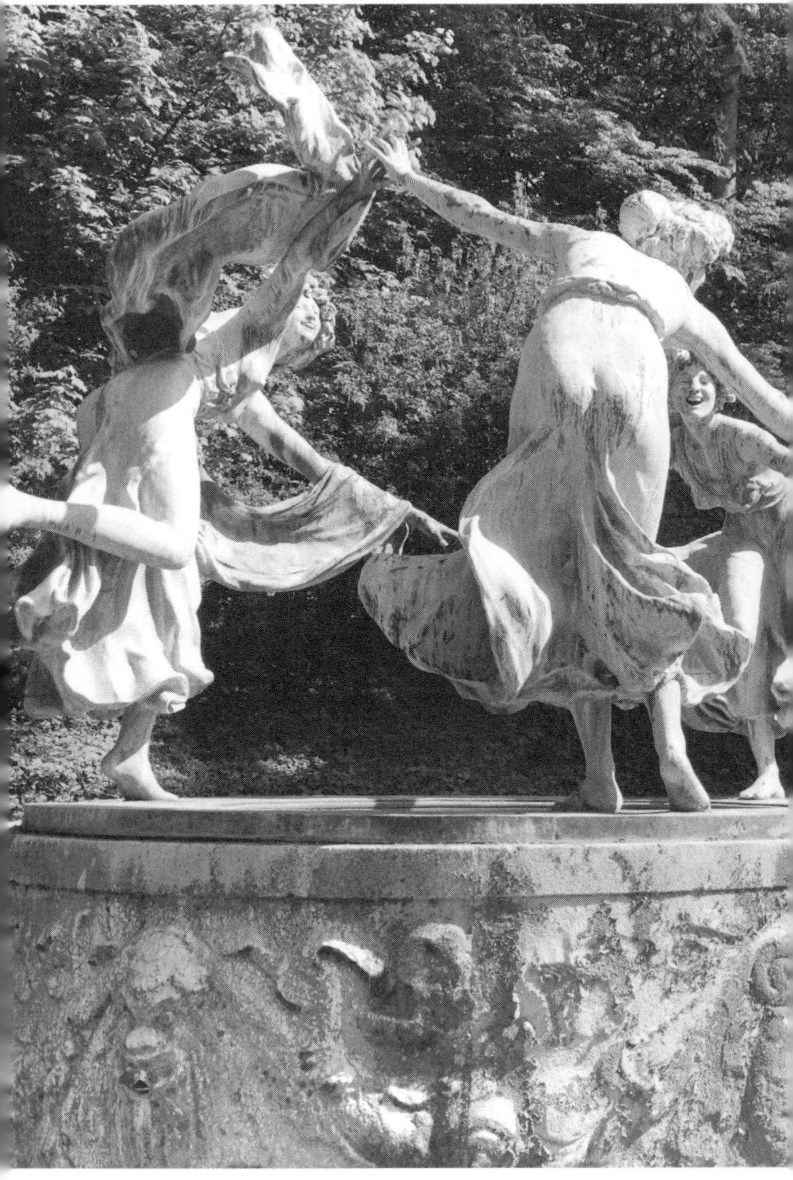

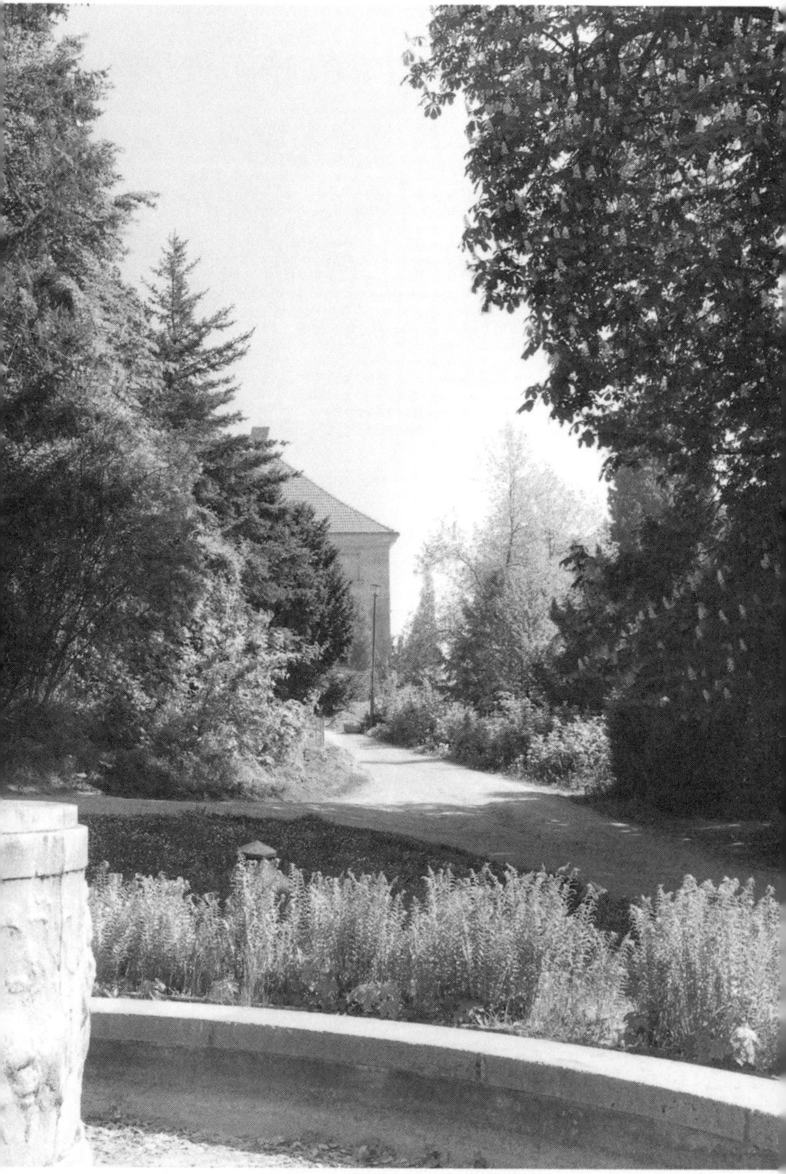

Im Herzenstakt lebt die aus freier Einsicht und freiem Willen neu bestimmte Achtung vor dem Anderen: die Höflichkeit. –

◁ *Burg Schlitz*

Höflichkeit wird zu Herzenstakt

Jean-Claude Lin

Es ist erstaunlich, ja zuweilen erschütternd, welche weitreichende Folgen eine unscheinbare, alltägliche Handlung manchmal haben kann:

> Nicht weit von Danzig entfernt lebte ein wohlhabender chassidischer Rabbi, Nachfahre einer berühmten Dynastie von Chassidim. Bekleidet mit einem schwarzen Maßanzug, ein Zylinder auf dem Kopf, ein silbernes Spazierstöckchen in der Hand, pflegte der Rabbi seinen täglichen Morgenspaziergang zu unternehmen, begleitet von seinem hochgewachsenen, gutaussehenden Schwiegersohn. Während seines morgendlichen Bummels grüßte der Rabbi alle Männer, Frauen und Kinder, die ihm unterwegs begegneten, mit einem warmen Lächeln und einem herzlichen «Guten Morgen!» Im Laufe der Jahre machte

der Rabbi auf diese Weise mit vielen seiner Landsleute Bekanntschaft. Er grüßte sie immer mit ihren ordnungsgemäßen Titeln und Namen. Am Stadtrand in den Feldern tauschte er den Morgengruß mit Herrn Müller, einem polnischen Volksdeutschen. «Guten Morgen, Herr Müller!» beeilte sich der Rabbi, den Mann zu begrüßen, der auf dem Feld arbeitete. «Guten Morgen, Herr Rabbiner!» erwiderte dann dieser mit einem gutmütigen Lächeln. Dann brach der Krieg aus. Die Spaziergänge des Rabbi fanden ein jähes Ende. Herr Müller legte eine SS-Uniform an und verschwand aus den Feldern. Das Schicksal des Rabbi war das vieler polnischer Juden. Er verlor seine Familie in den Todeslagern von Treblinka und wurde nach langem Leidensweg nach Auschwitz deportiert. Eines Tages, während einer Selektion in Auschwitz, stand der Rabbi in einer Reihe mit Hunderten anderer Juden, den Augenblick erwartend, da ihr Schicksal besiegelt werden würde, zum Leben oder zum Tode. In der gestreiften Lageruniform, Haare und Bart geschoren, die Augen fiebernd vor Hunger und Krankheit, sah der Rabbi aus wie ein wandelndes Skelett. «Rechts! links, links, links!» näherte sich die Stimme. Plötzlich fühlte der Rabbi das dringende Bedürfnis, das Gesicht des Mannes mit den schneeweißen Handschuhen, dem Stöckchen und der stählernen Stimme zu sehen, der da Herrgott spielte und über Leben und Tod entschied. Er hob seine Augen und hörte sich sagen: «Guten Morgen, Herr Müller!» «Guten Morgen, Herr Rabbiner!» erklang eine menschliche Stimme unter der mit dem Totenkopf verzierten SS-Mütze. «Was machen Sie denn hier?» Ein mattes Lächeln huschte über das Gesicht des Rabbi. Da wies der kleine Stock nach rechts – zum Leben. Am nächsten Tag wurde der Rabbi in ein anderes Lager verlegt. Der Rabbi, heute in den Achtzigern, erklärte mir mit seiner sanften Stimme: «Dies ist die Macht eines Guten-Morgen-Grußes. Der Mensch soll immer seinen Mitmenschen grüßen.» (Aus: *Träume vom Überleben. Chassidische Geschichten aus dem 20. Jahrhundert* von Yaffa Eliach, Herder Spektrum 1997.)*

---

* Den Hinweis auf diese Sammlung ursprünglich in englischer Sprache erschienenen Geschichten *Hasidic Tales of the Holocaust* verdanke ich Frau Rebecca Sobol-Hanke.

Auf seinen Morgenspaziergängen grüßt der Rabbi alle Menschen, denen er begegnet, zunächst nur mit einem «Guten Morgen!», aber dann, so sie ihm nach und nach bekannt werden, in aller Form mit «Titeln und Namen». Er ist ohne Zweifel ein höflicher Mensch, aber man spürt gleich: er ist es mit Neigung. Die Höflichkeit, die er ausübt strahlt Freude aus, Freude an der Achtung vor dem Anderen. Durch die Ereignisse, die den Rabbi nach Auschwitz führen, ist die Freude dem lebendigen Tod gewichen, der Rabbi hört sich – der er einmal war – sagen: «Guten Morgen, Herr Müller!» Wie eine zweite Natur ist ihm die geübte Herzenshöflichkeit geblieben, und für einen Moment erlangt auch derjenige, der früher auf dem Feld arbeitete, seine menschliche Würde wieder: «Was machen Sie denn hier?» ist die absurde, hilflose, unreflektierte Frage des an seiner «Unschuld» wieder erwachenden Herrn Müller.

In die konventionellen Formen der Höflichkeit wachsen wir hinein. Sie können uns sehr wohl nur äußerlich berühren. Ihre gedankenlose Beherrschung entkräftet sie. Die leeren, steifen Formen einer Gesellschaft provozieren mit der Zeit ihre Missachtung. Aber da, wo der freie Mensch sie bewusst ergreift, weil er die Gemeinschaft, in der bestimmte Umgangsformen gepflegt werden, achtet, weil er auf die Ursprungsgesten hinter einer Höflichkeitsform blicken kann und sie neu gebiert, da schafft er an seiner höheren, *zweiten Natur.*

Das Herz vermittelt zwischen oben und unten, zwischen den Intuitionen des Geistes und den Gegebenheiten des Leibes und allem Gewordenen, Konventionellen im Gesellschaftsleben des Menschen. Im *Herzenstakt* lebt die aus freier Einsicht und freiem Willen neu bestimmte Achtung vor dem Anderen: die Höflichkeit. – Daher wird der als freier Geist sich entwickelnde Mensch immer mehr bei sich herbeiführen wollen, was die kleinen, alltäglichen Handlungen des Lebens anderen gegenüber so bemerkenswert, ja zuweilen beglückend macht: *die Höflichkeit, die zu Herzenstakt wird.*

Oktober

Zufriedenheit *wird zu* Gelassenheit

21. September bis 1. November

Priepert ▷

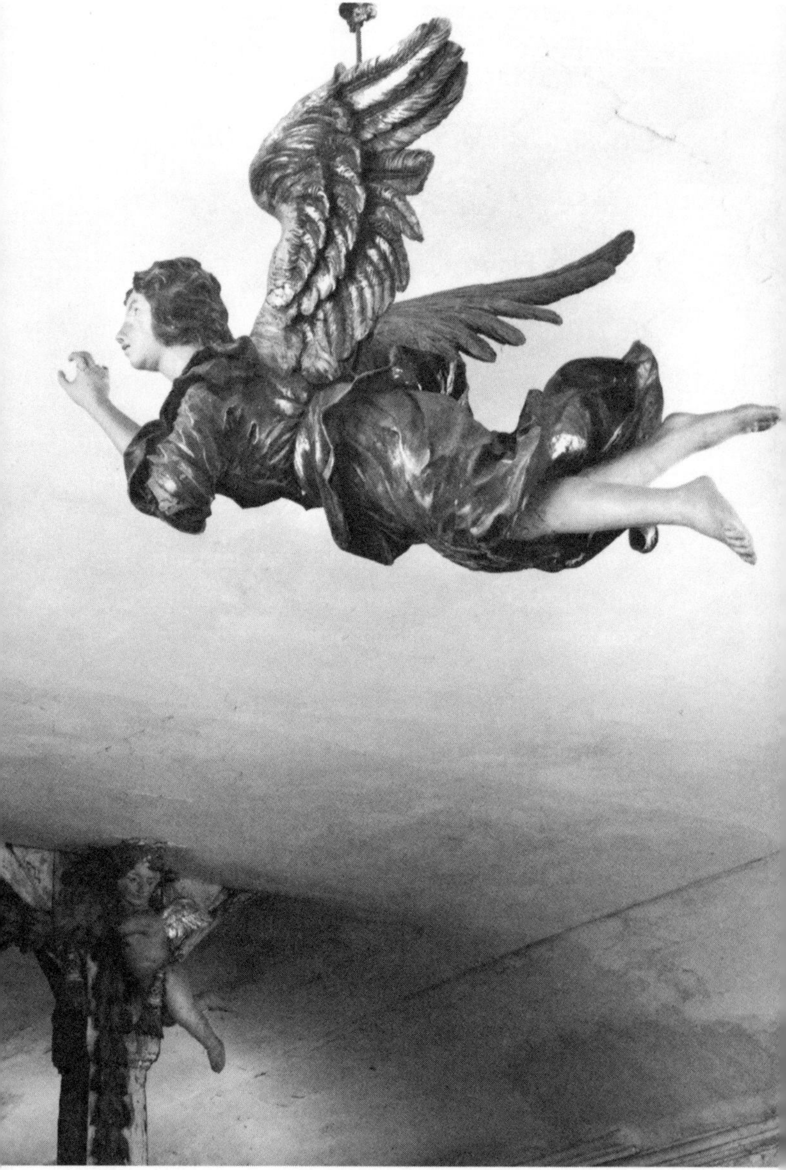

Es wird sich zeigen, dass Zufriedenheit im seelischen Erleben, Gelassenheit dagegen als geistige Ausrichtung zu begreifen sind. –

Zufriedenheit wird zu Gelassenheit

Wolf-Ulrich Klünker

Der Begriff Zufriedenheit zielt auf ein *Erleben in der Situation;* Gelassenheit meint dagegen eine *grundlegende innere Haltung.* Zufriedenheit ist vom Erleben abhängig, Gelassenheit aber kann gegenüber der Erlebnissituation als emanzipiert gelten: sie bewährt sich auch in schwierigen Lebenslagen, in denen ich nicht zufrieden sein kann, die mir sogar die innere Ruhe nehmen können. So gibt sich die Gelassenheit als *Willensausrichtung* zu erkennen, während Zufriedenheit eher eine Reaktion im menschlichen Gemüt darstellt.

Allerdings haben beide eines gemeinsam: es gibt sie nicht, sie sind als Eigenschaft des Menschen heute nicht anzutreffen. Niemand bringt sie mit, man kann sie nur herstellen. Beide setzen die Arbeit an mir selbst voraus; sie können nicht zur seelischen «Ausstattung» gehören – wo dies so erscheint, besteht die große Gefahr, dass sie sich bald als illusionsgetragen erweisen. So stellt sich die Frage, wie die Zufriedenheit als Erlebnisfähigkeit, die Gelassenheit als Lebenshaltung ausgebildet werden können. – Im Folgenden soll angedeutet werden, dass Zufriedenheit, die zu Gelassenheit führt, durch drei Übungsausrichtungen unterstützt werden kann:

durch den Versuch, Sicherheit im Gefühl zu erreichen;

durch die Bemühung, geistige Wirklichkeit seelisch zu erleben;

durch die Einsicht, dass die Annahme von Erkenntnisgrenzen zu einem Lebensproblem wird.

Sicherheit im Gefühl

«Der Mensch braucht zur inneren Ruhe die Selbst-Erkenntnis im Geiste. Er findet sich selbst in seinem Denken, Fühlen und Wollen. Er sieht, wie Denken, Fühlen und Wollen von dem natürlichen Menschenwesen abhängig sind. Sie müssen in ihren Entfaltungen der Gesundheit, Krankheit, Kräftigung und Schädigung des Körpers folgen.»

Diese Formulierung des fünften anthroposophischen Leitsatzes Rudolf Steiners (*Anthroposophi-*

sche Leitsätze, GA 26, 1924) macht deutlich, dass innere Ruhe (und damit Zufriedenheit und Gelassenheit) nur aus geistiger Selbsterkenntnis hervorgehen können. Werden Denken, Fühlen und Wollen im Sinne einer menschenkundlich gerichteten Selbsterkenntnis betrachtet, so erweisen sie sich als gebunden an die Zuständlichkeit des Leibes. Solange die Leibabhängigkeit von Denken, Fühlen und Wollen nicht überwunden wird, sind weder Zufriedenheit noch Gelassenheit möglich.

Mit dem Denken lebe ich zunächst in der Vergangenheit, mit dem Fühlen in der Gegenwart, mit dem Wollen in der Zukunft. Das Denken des gewöhnlichen Bewusstseins kann sich nur auf Vergangenes beziehen: auf sinnlich Wahrgenommenes, Erlebtes, bereits Gedachtes, auch auf Gesetzmäßigkeiten, die ich in der Vergangenheit gelernt habe. Das Gefühl macht als Lebensgefühl meine Gegenwart aus; ein früheres Gefühl kann ich nicht in der Gegenwart erleben – ich erlebe vielmehr an der Erinnerungsvorstellung des alten Gefühls ein neues, gegenwärtiges, das dem alten vielleicht sehr ähnlich ist. Auch ein zukünftiges «Gefühl» kann in der Gegenwart nicht gefühlt, sondern nur im Vorstellungsbereich antizipiert und angestrebt werden. Der Wille schließlich verändert nicht die Vergangenheit, sondern bezieht mein gegenwärtiges Sein auf die Zukunft; in dieser bin ich nicht im Gefühl und auch nicht im Denken, sondern mit meiner Willensausrichtung präsent.

Zufriedenheit in der Lebensgegenwart, also im Lebensaugenblick, kann nur als Gefühlssicherheit erreicht werden. Das Gefühl ist aber als Gegenwartserleben flüchtig; es ist im nächsten Moment schon wieder vergangen. Gerade auf meine Gefühle kann ich mich zunächst nicht verlassen. Ich muss mich sogar zu der Einsicht bequemen, dass auch die sogenannten «höchsten» oder «tiefsten» Gefühle abrupt wandelbar sind, sich in ihr Gegenteil verkehren können. Gefühlssicherheit hängt davon ab, ob es gelingt, Lebensvergangenheit und -zukunft in das Augenblickserleben hineinzunehmen.

Dies geschieht in der *Meditation*. Von ihr sagt Rudolf Steiner im Vortrag vom 8. Oktober 1918 (*Die Ergänzung heutiger Wissenschaft durch Anthroposophie*, GA 73), dass sie eine Erkräftigung, also Intensivierung des Denkens darstellt. Meditation bezieht sich demnach nicht auf einen besonderen Gegenstandsbereich der Erkenntnis; auch handelt es sich nicht um eine Vertiefung des Denkens, sondern um seine Intensivierung. Das Denken kann aber nur intensiver werden, wenn ich es willentlich verstärke. Ein Gedankenzusammenhang wird nicht durch seinen Inhalt, auch nicht durch seine Bedeutung für mich oder meine Umgebung, sondern nur durch die Willensintensität kräftiger, die ich ihm zuwende. Dies gilt insbesondere für geistige Wirklichkeit: beispielsweise belebt sich der Gedanke des Engels letztlich nicht durch meine emotionale Beziehung zu ihm, sondern nur durch die Willenskraft, durch die ich ihn weiterdenke. – Als Ergebnis einer solchen Intensivierung des Denkens stellt sich etwas Überraschendes ein; es entsteht zunächst keine neue Erkenntnisdimension, sondern Sicherheit im Gefühl, also als Lebensgefühl, das meine Gegenwart bestimmt. Daraus kann sich Zufriedenheit als Grundstimmung ergeben, die schließlich auch zur Lebenshaltung der Gelassenheit sich weiterentwickeln kann.

Wie wird der Geist seelisch?

Geistige Schulung darf sich nicht nur der Frage zuwenden, wie die Seele vergeistigt wird. Vielmehr sieht sie sich ebenso sehr vor das Problem gestellt, wie geistige Wirklichkeit seelisch erlebt werden kann. Dies ist nur möglich, wenn es gelingt, geistige Erfahrung in demselben Maß seelisch erlebnisfähig zu gestalten wie die biografisch mitgebrachte innerseelische Situation.

«Man muss ... die innere Seelentätigkeit so weit erkraftet haben, dass man ihr gegenüber das gewöhnliche Seelenleben wie Ruhe empfindet. Übersinnliche Erkenntnis zum gewöhnlichen Seelenleben wie Wachen zum Schlaf.»

Dies formuliert Rudolf Steiner in einer Notizbucheintragung des Jahres 1918 (*Beiträge zur Rudolf Steiner Gesamtausgabe* 45, S. 17). Und er fügt hinzu:

«Vorbereitung im gewöhnlichen Seelenleben: Verschärfung des Vorstellungslebens, dass es lebendig, regsam wird wie das Sinnesleben; Selbstzucht des Willenslebens, dass es sich auf das eigene Erleben richtet, wie die unvermeidlichen Triebe nach außen.»

In dem Vortrag, zu dessen Vorbereitung diese Notizbucheintragungen dienten, heißt es dann (10. Oktober 1918; *Die Ergänzung heutiger Wissenschaft durch Anthroposophie,* GA 73):

Es komme darauf an, ganz anders die Seele mit dem Denken zu durchdringen «und das Denken mit der Seele, als das im gewöhnlichen Seelenleben der Fall ist; dann kommt man dahin, das Vorstellungsleben so zu erkraften ..., dass man so lebendig regsam vorstellen kann, wie man sonst nur in seinem Bewusstsein lebt, wenn man in den äußeren Sinneswahrnehmungen ist».

Und im Hinblick auf den Willen formuliert Rudolf Steiner:

«Dann muss der Mensch zu der inneren Einsicht kommen können, dass er in sich etwas hat, was er ... so in seinen Willen hereinstellen kann, dass die Selbstkultur, die Selbstzucht ihm so schwierig erscheint, aber zu gleicher Zeit so begehrenswert erscheint wie sonst nur diejenigen Willenshandlungen, die ganz unvermeidlichen Trieben des Lebens entsprechen.»

Diese Äußerungen beschreiben drastisch, wie der Geist in der Seele erlebbar wird: durch Intensivierung des Denkens bzw. des Vorstellungslebens, so dass es Sinnes- und Körperempfindungen, auch seelischen Erlebnissen in keiner Weise nachsteht, sondern diese sogar ihm gegenüber als «Ruhe» erlebt werden können. Weiter durch Radikalisierung des Willenslebens («Selbstkultur», «Selbstzucht»), die die Ziele der Selbsterziehung als unendlich schwierig zu erreichen erscheinen lässt – zugleich aber werden diese Ziele als ebenso sehnsüchtig erstrebenswert empfunden wie Handlungsorientierungen, die sich aus Triebbedürfnissen ergeben.

Erkenntnisgrenze und Lebensproblem

Üblicherweise besteht die Neigung anzunehmen, die Lebenssituation und seelische Disposition würden die Grenzen der eigenen Erkenntnisfähigkeit bestimmen. In Wahrheit ist die umgekehrte Verursachung zu denken: die Annahme von Erkenntnisgrenzen bringt eine bestimmte seelische Gestimmtheit hervor. So setzt die Erkenntnispraxis nicht Zufriedenheit oder gar Gelassenheit voraus, sondern Letztere ergeben sich aus dem eigenen Umgang mit dem Denken. Dieses Abhängigkeitsverhältnis kann zunächst überraschend wirken; bei näherer Betrachtung wird aber deutlich, dass die Erkenntnishaltung ein Primat gegenüber der Lebensstimmung besitzt und Lebenssicherheit, aber auch illusionären Hochmut und – auf der entgegengesetzten Seite – die Empfindung von Lebensabgründen hervorbringen kann. Bereits diese Einsicht (oder die innere Annäherung an sie) bildet eine erste Etappe auf dem Weg zu seelischer Zufriedenheit und geistiger Gelassenheit – denn im Letzten wird sich zeigen, dass Zufriedenheit im seelischen Erleben, Gelassenheit dagegen als geistige Ausrichtung zu begreifen sind. –

Aus der Annahme von Erkenntisgrenzen gegenüber geistiger Wirklichkeit «entspringen den Menschen heute nicht bloß theoretische Zweifel, sondern Unsicherheit der ganzen Seele, Unsicherheit des Gemütes, die für den, der eine unbefangene Beobachtung unseres Zivilisationslebens hat, überall durchschaubar ist, wenn auch die Menschen sich darüber hinwegtäuschen» (Rudolf Steiner im Vortrag vom 15. 11. 1923; *Der übersinnliche Mensch,* GA 231). Das Zurückschrecken vor der Erkenntnis geistiger Wirklichkeit äußert sich «in unbestimmten Gefühlen, in allerlei unterbewussten Empfindungen» und macht die Menschen «unsicher im Leben», «unsicher und untüchtig im äußeren Handeln, im Verhältnis zu ihren Mitmenschen». Warum? Weil das Wesen des Menschen selbst übersinnlicher Natur ist. Wird nun geistige Wirklichkeit aus der eigenen Erkenntnisbemühung ausgeschlossen, so wendet sich der Mensch von seinem eigenen Wesen ab! Schließt er aber die Augen vor dem eigenen Ich, das geistigen Ursprungs ist, so verliert er auch das «richtige innerliche Selbstvertrauen».

Nimmt man diese Aussagen ernst, so ergibt sich der Schluss, dass Zufriedenheit und Gelassenheit an eine ihnen entsprechende Seelenstimmung gebunden sind, dass aber diese Seelenstimmung letztlich hervorgeht aus der Orientierung des Erkenntnislebens auf geistige Wirklichkeit hin.

November

Geduld *wird zu* Einsicht

21. Oktober bis 1. Dezember

Rohr ▷

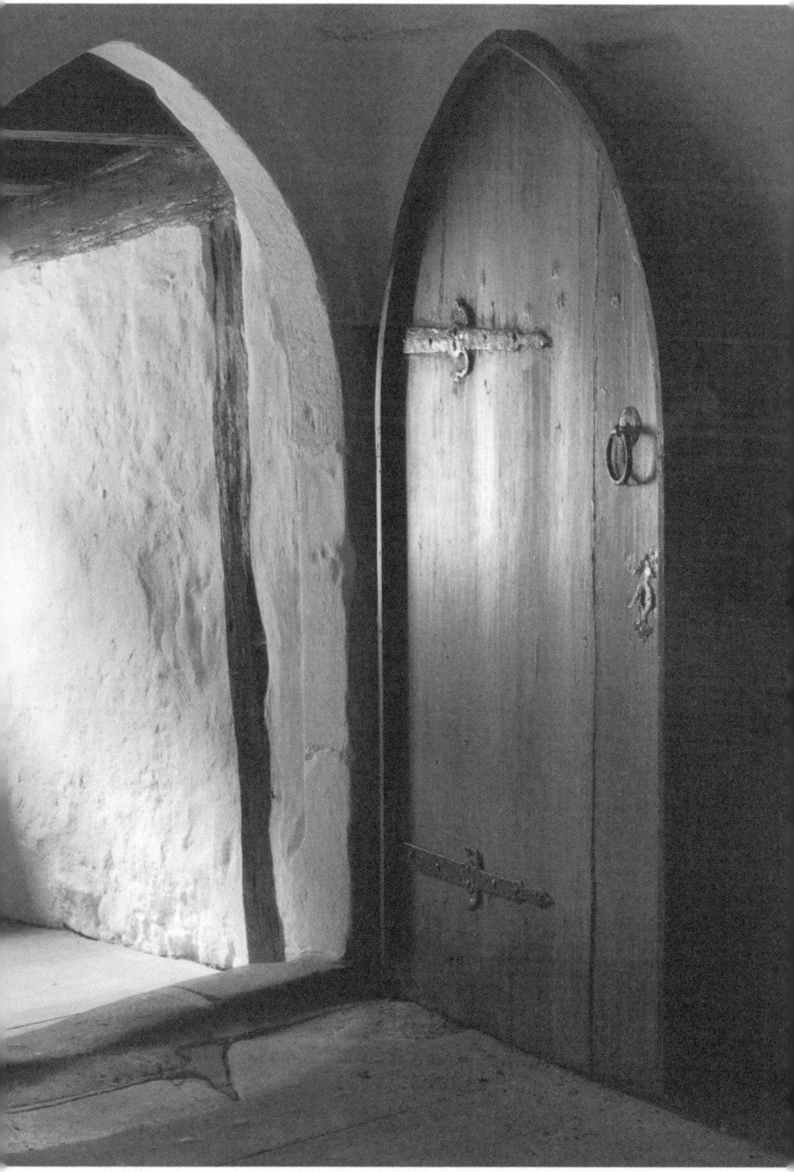

Nur wenn die Geduld das stille Üben beibehält, kann die imaginative Einsicht sich bilden. –

Geduld wird zu Einsicht

Erhard Fucke

Christian Morgenstern rückt die Geduld in einen überraschenden Zusammenhang:

> Ein Wort gibt es
> das ist ein Schlüssel
> zu jeder Schöpfung: Geduld.
> Sinne dem nach
> und du wirst selbst
> Schöpfern genähert.

Wenn schon das Sinnen über die Geduld uns den Weltenschöpfern näher bringen soll, wie viel mehr dann das Üben der Geduld.

Die Tugendlehre, die im Griechentum aus inneren Erfahrungen der Seele ins Wort und in den Begriff gebracht wird, erhält durch Plato die erste umfassende Form der vier Kardinaltugenden: *Klugheit, Gerechtigkeit, Mut* und *Maß*. Wie stark diese Tugendlehre die Menschen bewegte, zeigen die gründlichen und ausführlichen Kommentare durch Thomas von Aquin einundhalbtausend Jahre danach. Rudolf Steiner greift die Tugendlehre als durchaus modernes Schulungsmittel auf. Dabei verbindet er sie mit dem Entwicklungsgedanken, indem er die Metamorphose der Tugenden erhellt. Damit wird diese Tugendlehre in das Übungsgut für den Erwerb eines imaginativen Bewusstseins aufgenommen. Von der Geduld wird in dieser neuen Tugendlehre behauptet, dass sie sich zur Einsicht wandle: eine ungewöhnliche Metamorphose! Wie kann dieses Urteil durch eigene Überlegungen nachvollzogen werden?

Alle vierundzwanzig Tugenden, die zwölf Grundtugenden wie deren Verwandlungen, treten nicht ungehindert im Seelenleben auf. Sie müssen gegen manche Widerstände vom Ich übend erworben werden. Das anfangs größte Hindernis besteht darin, die Kontinuität beim Vorgang des Übens aufrechtzuerhalten. Wie leicht reißt der Faden ab, weil andere Dinge sich in das Bewusstsein drängen und es besetzen. Das Knüpfen der Perlenschnur, die Übung an Übung reiht, fordert die Beharrlichkeit, die Stetigkeit, die Geduld. Diese Fähigkeit, die bewusste Wiederholung des Gleichen durchzusetzen, stärkt den Willen. Die Geduld gewöhnt und strukturiert ihn, so dass er immer leichter abrufbar wird. Im Vollzug stärkt sie seine Durchsetzungskraft. Im Ziel, auf das die Geduld sich richtet, verbindet sie den Willen mit einem Motiv, oder anders gewendet: mit dem Denken. Die Geduld hilft also die Balance zwischen den Polen des Seelenlebens herzustellen. Mit diesem Charakter steht sie beim Bau und der Gestaltung jeder Tugend Pate. Ohne ihre konsequente Ausbildung kann auch keine andere Tugend gedeihen.

Mit solchen Überlegungen fällt ein erstes Licht auf den inneren Zusammenhang der Tugenden und auf ihre gleichsam organhafte, gemeinsame Wirkensweise. Noch nicht geklärt ist damit aber die Metamorphose von der Geduld zur Einsicht. Schon erwähnt worden ist: Der Weg, den die Anthroposophie ermöglicht und dessen Resultate er sichert, steht im Mittelpunkt aller Bemühungen Rudolf Steiners. Das erste Ziel dieses Weges zu einem übersinnlichen Bewusstsein ist der Erwerb eines imaginativen Bewusstseins, wie es Goethe in seinen Bemühungen um die Naturwissenschaften vorlebt. Goethes Urpflanze ist eine solche Imagination. Um zu solchen Imaginationen zu kommen, bedarf es einer neuen Formierung des Erkenntnisstrebens, dem die Einsicht vorausgeht, dass die augenblickliche Erkenntnisart nur das Tote erklärt, bereits am Lebendigen scheitert.

Verfolgt man die Reflexionen Goethes zu seiner eigenen Forschungsweise, so findet man sehr pointierte Aussagen wie etwa die: Die Phänomene sind die Theorie. Man kann diese Aussage dahin deuten, dass Goethe einer einseitig interpretatorisch begrifflichen Weltdeutung misstraute. Er wollte statt dessen die Phänomene, also die Sache selbst, sprechen lassen. Das aber wird nur möglich sein, wenn der Erkenntnissuchende sich in neuer, intensiver Weise auf die Wahrnehmungsinhalte konzentriert. Das Werden und Absterben einer Pflanze wird in der Seele mitvollzogen und es wird auf die Empfindungen gelauscht, die diesen Vorgang begleiten. Das hingebungsvolle Miterleben der Phänomene bei unterschiedlichen Konstellationen gibt diesen Gelegenheit, sich im Bewusstsein des Betrachters «auszusprechen». Wer dieses Bestreben verfolgt, bemerkt gravierende Unterschiede zum bisherigen Wahrnehmen, das er jetzt als oberflächlich und flüchtig empfindet. Das intensive Einleben in die Phänomene, das z.B. bei der Pflanze deren Gestalt aktiv im Bewusstsein entstehen lässt, beschenkt den Betrachter mit einer Fülle neuer Empfindungen, unter denen erstaunlich viele sind, die einen ästhetischen Charakter haben. Dadurch wird er an die so unterschiedlichen Gestalten der Pflanzen herangeführt, und diese offenbaren langsam ihr Wesen gleich der sinnlich-sittlichen Wirkung der Farben. Wie diese ist auch das Wesen der Pflanzen nicht sinnlich vorgegeben, obwohl es sich im Sinnlichen ausdrückt und von diesem «Ausdruck» her bewusstseinsmäßig erschlossen werden kann. Goethe freute sich, als seine Art, die Welt zu betrachten, als «anschauende Urteilskraft» bezeichnet wurde. Ihm wurde bewusst, dass sein Urteil wirklich Resultat einer gesteigerten Anschauung war, in der die Pflanzen ihr Wesen selbst aussprachen, also für die menschliche Einsicht öffneten. Rudolf Steiner griff diesen Vorgang wieder auf und verwendete den im deutschen Idealismus erarbeiteten Begriff «intellektuelle Anschauung». Mit ihm wird das Denken sich seiner eigenen Tätigkeit bewusst; es weiß, was beim Hervorbringen der Gedanken geschieht.

Der Unterschied zum üblichen Erkennen wird in dem Gespräch mit Schiller über die Urpflanze deutlich. Schiller erklärt das Zustandekommen dieser Imagination mit dem Ausruf: «Das ist eine Idee.» Goethe entgegnet: «Wie gut, dass ich meine Ideen mit Augen sehen kann.»

Diese imaginative Einsicht ist ein Ergebnis «unendlicher» Geduld. Die Geduld ist am Werke, indem der Betrachter immer aufs Neue zur Anschauung zurückkehrt und nicht vorschnell in die Interpretation springt. Sie führt den Betrachter immer wieder zu den Phänomenen zurück, auch wenn die Anschauung vorerst keine besonderen Resultate zeitigt. Sie stärkt die Überzeugung, dass das Üben an sich schon Gewinn ist, weil es das Beherrschen der Seelenfähigkeiten fördert usw. Nur wenn die Geduld das stille Üben beibehält, kann die imaginative Einsicht sich bilden. – Das macht uns den anfangs zitierten Spruch Christian Morgensterns verständlich. Goethe bekennt, dass mit der Urpflanze viele Pflanzen entworfen werden könnten, die es nicht gibt, die aber durchaus lebensfähig wären. Da wird die Annäherung des gesteigerten menschlichen Bewusstseins an die «Schöpfer» wahrnehmbar. Doch solch imaginatives Bewusstsein ist nicht nur für die Klärung des Naturgeschehens nötig, sondern ebenso z.B. für die Erkenntnis der Wirtschaftsprozesse. So sei das Wesen der Ware – laut Steiner – nur durch Imagination in ihrer Wirksamkeit im sozialen Organismus zu erkennen. Gerade in unserer Zeit, welche durch die Hast und durch die Vielfalt der Information unser

Bewusstsein «zerstreut», scheint die Ausbildung von geduldigem und intensivem Beobachten wichtig, ja lebensnotwendig zu sein. Der Geduld innerstes Wesen wird in einem Spruch Rudolf Steiners eingefangen:

> Wenn Ruhe der Seele Wogen glättet
> Und Geduld im Geiste sich breitet,
> Zieht der Götter Wort
> Durch des Menschen Innres
> Und webt den Frieden
> Der Ewigkeiten
> In alles Leben
> Des Zeitenlaufs.

Dezember

Gedanken-kontrolle *wird zu* Wahrheits-empfinden

21. November bis 1. Januar

Herzogswalde ▷

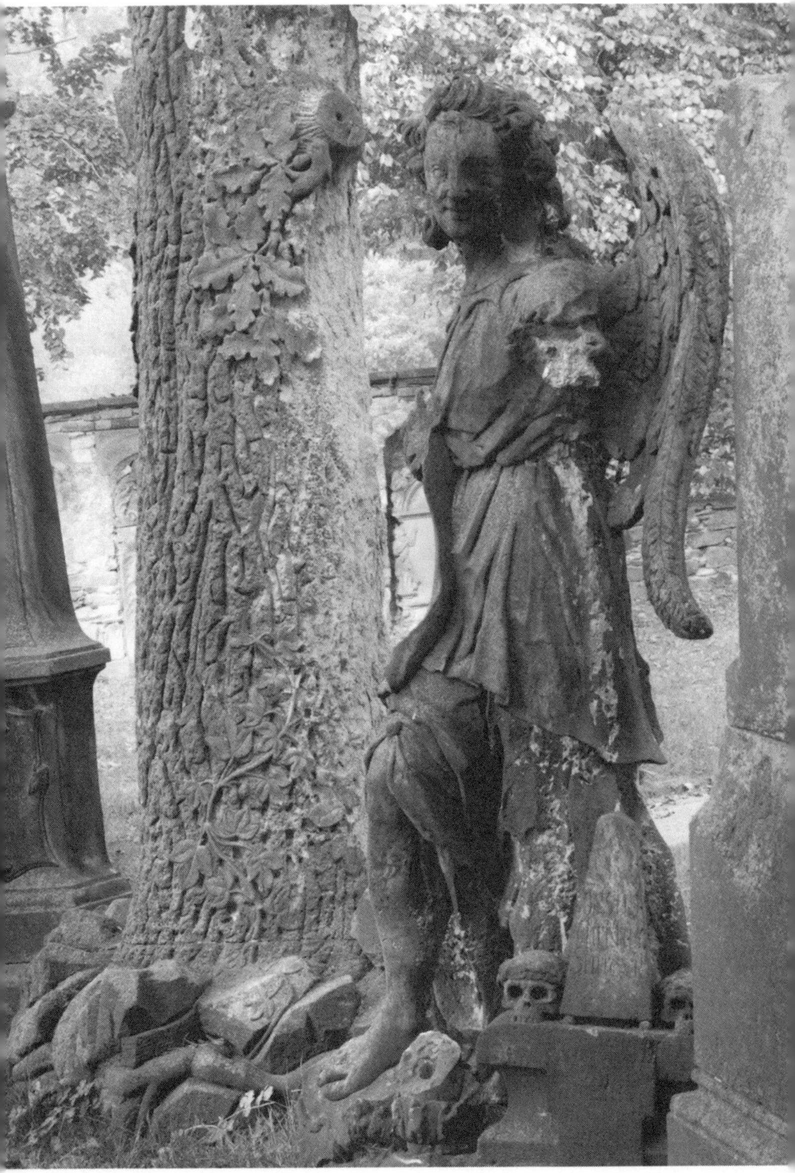

Für die Geistesschulung kommt alles darauf an, dass die ganze Seele zu einem Organ werde, durch das sich Wahrheit aussprechen kann. –

Gedankenkontrolle wird zu Wahrheitsempfinden

Christoph Lindenberg

Kontrolle: Darauf achten, was man tut

Das Wort *Kontrolle* hat im zwanzigsten Jahrhundert einen höchst fragwürdigen Beiklang erhalten. Man muss nur an das infame Wort «Vertrauen ist gut, Kontrolle ist besser» denken, in dessen Zeichen die größte Spitzel-Organisation aller Zeit aufgezogen wurde, um diesen Beiklang zu hören. Und nun auch noch das: Gedankenkontrolle, vielleicht gar eine Gedankenpolizei, ein Ministerium für Gedankenkontrolle! In der Tat, es gibt sie. Von vielen Orten aus wird aufgepasst, dass die Leute ja das Rechte meinen. Die Zahl der verbotenen Gedanken in Wissenschaft, Politik und sozialem Leben ist groß, und wer gegen die Vorschriften verstößt, wird schnell ins Abseits befördert. Diese Gedanken- und Gesinnungskontrolle ist das Gegenbild geistiger Freiheit.

Doch wer wollte leugnen, dass Kontrolle in der industriellen Fertigung, in Bezug auf die Qualität von Lebensmitteln, im Finanzwesen und in manchen anderen Bereichen eine Berechtigung hat? Im guten Sinne heißt Kontrolle: Darauf achten, was man tut. Man ist immer aufgefordert, einen kritischen und wachen Blick auf die eigenen Erzeugnisse zu werfen, und man wird immer wieder bemerken müssen, dass man es besser machen kann, ja dass man hier etwas übersehen hat und dass sich dort eine Schlamperei eingeschlichen hat. Der Erfolg gerade der Technik beruht auf fortwährender Kontrolle, und die gar nicht so seltenen Fehlschläge in der Entwicklung neuer Dinge beruhen oft auf einem Mangel an Kontrolle und Umsicht. Doch vielfach kann man auch von einem Triumph der Kontrolle in unserer Zeit sprechen.

Auch in den Wissenschaften sind wir in ein Zeitalter der Kontrollen eingetreten: in der Physik werden kontrollierte, nachvollziehbare Experimente ausgeführt, in anderen Wissenschaften versucht man andere Formen von Kontrolle zu entwickeln. Der Historiker muss seine Quellen angeben und derjenige, der ihn kontrollieren will, muss herausfinden, ob er sie sinngemäß verwendet hat und ob sie wirklich für die vertretene These repräsentativ sind oder ob sie gar bloß eine vorgefasste Meinung illustrieren.

Die Selbstkontrolle: Beherrschung der Zunge

So ist kritische Kontrolle in Technik und Wissenschaft wirklich ein Symptom unserer Zeit. Eine Geisteswissenschaft, die zeitgemäß sein will, wird deshalb auf Selbstkontrolle nicht verzichten wollen. Helena Petrowna Blavatsky nannte deshalb unter den zwölf Monatstugenden für den Dezember *control of speech*, doch Rudolf Steiner übersetzte: «Gedankenkontrolle» und fügte hinzu: Kontrolle der Sprache – Beherrschung der Zunge, «Hüte deine Zunge».

Verweilen wir kurz bei der Beherrschung der Zunge. Sie ist eine Selbstkontrolle des Sprechers. Zunächst kann er sich fragen, ob er Notwendiges oder Überflüssiges sagen will, ob er nur seine Meinung, das, was er schon immer meinte, zum Besten geben will, oder ob er eine neue Einsicht, die im Augenblick wirklich gefragt ist, mitteilen möchte. Wer etwas genauer auf sich Acht gibt, kann bemerken, ob Klatschsucht, Lust an der Selbstdarstellung, Bosheit oder Fanatismus seine Zunge in Bewegung setzt, ob er nur einen in der Luft liegenden Witz ins Wort bringt – nichts ist leichter als das –, oder ob er anderen Sinnvolles, ja Förderliches zu sagen hat. Durch solche Selbstkontrolle lernt man sich selber besser kennen. Man beginnt zwischen jenem vom Selbst gelenkten und dem von allerlei Drängen und Trieben mitgerissenen Menschen zu unterscheiden. Und nach einiger Zeit beginnt man sich zu schämen, wenn man jenem unkontrollierten Wesen nachgibt und alles sagt, was es einem eingibt. Diese Scham ist gut und hilfreich.

Selbstgestellte Frage:
Beginn der bewussten Gedankenbildung

Bei der eigentlichen Gedankenkontrolle ist es sinnvoll, zwischen verschiedenen Arten von Gedanken zu unterscheiden. Da sind Gedanken, die man von außen aufnimmt. Unter ihnen gibt es große und ehrwürdige Gedanken, die man zum Beispiel aus guter Überlieferung aufnehmen kann und über die man lange sinnen kann. Unter den von anderen aufgenommenen Gedanken findet man wichtige Mitteilungen, findet man aber auch Hypothesen (solche, die als Hypothesen mit dem zugehörigen

Fragezeichen auftreten und andere, die als Tatsache verkleidet worden sind), und schließlich gibt es die Unzahl von Halb- und Viertelsgedanken, von Gerüchten, Meinungen, positiven und negativen Vorurteilen, Verleumdungen und Preisungen, die in der intellektuellen Luft herumschwirren.

Wir halten hier kurz ein und vergegenwärtigen uns, wie vergleichsweise gering die Zahl der Vorstellungen war, die Menschen in einem Dorf vor neunhundert Jahren umschwirrten. Alles, was sie von außen aufnahmen, nahmen sie von Menschen auf: vom Nachbarn, vom durchziehenden Wandersmann, vom Pfarrer. Und selbst die Gelehrten und Klöster verfügten vor siebenhundert Jahren über relativ kleine Bibliotheken, und man wusste damals ganz genau, was man woher aufgenommen hatte. Die großen Scholastiker hatten zudem ein Verfahren entwickelt, alle aus der Überlieferung aufgenommenen Gedanken gründlich zu überprüfen.

Man muss demgegenüber nicht die heutige Szene der Informationen, Meinungen, Vorstellungen etc. ausmalen.* Jedermann kennt sie. Wichtig ist vielmehr zu begreifen, dass eine mehr als bloß instink-

---

* Hans Magnus Enzensberger *Über die Ignoranz*. In: *Mittelmaß und Wahn*, Frankfurt am Main 1988.

tive, von Vorurteilen gesteuerte Kontrolle der aufgenommenen Gedanken für jedermann eine Notwendigkeit ist. Und wirklich stehen auch viele Menschen manchen Vorstellungen, die sie von außen aufnehmen, kritisch gegenüber; die Frage ist nur, welche Maßstäbe sie anlegen und wie gründlich sie die anstürmenden Vorstellungen kontrollieren; ob sie immer wieder auf jene warnende Stimme ihres Gefühls hören, die auf das Unstimmige so mancher Vorstellungen unserer Aussagen weist.

Neben den von außen aufgenommenen Vorstellungen gibt es aber auch jene, die auf eigentümliche Art in Zuständen der Erregung oder Erschöpfung – zumeist in sprachlicher Form – aus den Untiefen unseres Seelenlebens aufsteigen. Man kann sich dabei ertappen, dass man dieses oder jenes vor sich hinsagt. Der eine bemitleidet sich und denkt: «Mir hilft ja doch keiner»; ein anderer ergeht sich in Aggressionsphantasien: «Wenn ich den erwische»; ein Dritter hat es mit dem Gelde und verteilt einige Millionen, die er gar nicht hat. Solche unkontrolliert weiterrollenden Phantastereien scheinen harmlos zu sein, doch man muss ihnen Einhalt gebieten, denn namentlich in Phasen körperlicher Schwäche, in Konflikten oder depressiven Zuständen richten sie Unheil an, und sie verstricken uns immer tiefer in unsere Problematik. Man kann sie ganz einfach dadurch bekämpfen, dass man ihnen bewusst und gleichsam laut und deutlich widerspricht.

An dritter Stelle seien die Gedanken genannt, die wir selber bilden. Zunächst im Erkennen. Wir bemerken ein Phänomen oder eine Reihe von Tatsachen, und eine Frage tritt in uns auf. Die selbst gestellte Frage ist der Beginn der bewussten Gedankenbildung. Wir verfügen nicht sofort über eine Antwort. Fragend suchen wir nach weiteren Erscheinungen, die uns über das Phänomen oder die Tatsachen aufklären. Manchmal treten Gedanken als Erklärungen auf, die wir abweisen. Wir haben das Gefühl, dass der Gedanke nicht «stimmt», dass er zu starr oder zu schematisch, zu abgestanden oder zu simpel ist. Im weiteren Fragen und Tasten bildet sich jedoch manchmal schrittweise ein wirklich stimmiger Gedanke, der vielleicht erst als zusammenfassendes Bild auftritt, bevor wir ihn als Gedanken fassen können, der mit den Phänomenen harmoniert. In diesem schrittweisen, prüfenden Bilden des Gedankens üben wir innere Gedankenkontrolle.

Von Zeit zu Zeit wird man auch durch Probleme darauf aufmerksam, dass man die im eigenen

Denken vorhandenen Gedanken überprüfen und kontrollieren muss. Man kann sich etwa fragen, was man sich wirklich denkt, wenn man von Ursache und Wirkung spricht, wie man sich zum Beispiel ein Bewirken genau vorstellt, und unter Umständen entdeckt man, dass man sich nichts Genaueres gedacht hat. Man hat es nicht mit einem Gedanken, sondern mit einem grauen, abgenutzten Wort zu tun. Solche Erfahrung wecken Empfindungen, die uns bei bestimmten Worten stutzen oder staunen lassen.

Die Seele als Organ,
durch das sich Wahrheit aussprechen kann

Das innere Durchprüfen der Gedanken kann sich auch anders vollziehen. Man steht zum Beispiel vor einem moralischen Problem. Man erlebt, dass man ein Ansinnen zurückweisen muss. Es tritt jedoch der Gedanke auf, dass man sich durch diese Zurückweisung unbeliebt macht oder sonstwie ungünstig exponiert. Man stellt sich vor, welchen Eindruck die Zurückweisung auf Dritte macht, wie die Zurückweisung gegen einen ausgespielt werden kann. Man spürt jedoch zugleich, dass es bei moralischen Entscheidungen nicht in erster Linie um die Effekte der eigenen Handlungen auf mögliche Zuschauer geht. Und dieses Gespür ist wichtig: Sittliche Handlungen werden nicht für Zuschauer veranstaltet. So wird der Gedanke an die Zuschauer zurückgewiesen: Man muss auf der eigenen Entscheidung beharren. Doch die Vorstellung der Zuschauer bleibt beunruhigend. Schließlich ist man ja nicht allein auf der Welt, und man hat allen Grund, auf jene Stimme, die uns auf die anderen hinweist, zu hören. So lässt man sich etwas Zeit und am folgenden Tage kommt einem dann vielleicht ein Gedanke, wie dem Anliegen, das sich in dem Ansinnen ausspricht, doch geholfen werden könne, ohne dass man die eigene Haltung aufgeben müsste. Und nun tritt Ruhe ein: Man weiß, was man tun wird.

Sowohl im Erkennen wie auch bei moralischen Entscheidungen geht es in diesem Sinne um ein Abspüren und Abwägen: Wir achten auf unser Gefühl, auf den Zusammenklang der Gedanken. Jeder Gedanke kann ein Echo im Gefühl finden und auf dieses Echo können wir hören lernen. In der fünften Vorlesung *Über die Bestimmung des Gelehrten* bemerkt Johann Gottlieb Fichte: «Nämlich das *Gefühl* irrt nie, aber die *Urteilskraft* irrt, indem sie das

Gefühl unrichtig deutet und ein gemischtes Gefühl für ein reines aufnimmt.» Das reine – also das weder von Vorurteilen getrübte noch von Absichten, Stolz, Ehrgeiz oder Stimmungen etc. erregte oder gedämpfte – Gefühl kann ein empfindliches Organ sein, wenn es sich im inneren Gleichgewicht findet: Es spürt das, was uns begegnet, es erlebt unsere Verbindung mit der Welt.

So ist es möglich, bei Gedanken, die wir bilden oder aufnehmen, bei Gedankenverbindungen, die wir ziehen wollen, innezuhalten, sie auf uns wirken zu lassen und auf die Stimme des Gefühls zu achten und die Gedanken empfinden zu lernen. Zuerst wird man entdecken, dass es aufbauende und destruktive, leere und inhaltsreiche, bedeutende und kleinkarierte Gedanken gibt. Schließlich entdeckt man, welche Gedanken vom Schein des Wahren umgeben sind und wo grau in grau Wesenloses fortgesponnen wird. Lernt man so Gedanken intensiv zu erleben und zu empfinden, dann können diese Erlebnisse einen zur Wahrheit der Verhältnisse und Wesen führen.

Die hier skizzierte Gedankenkontrolle ist also nicht allein eine Kontrolle anhand von Tatsachen oder durch bloße Logik: Eine derartige Kontrolle ist ganz normaler wissenschaftlicher Standard. Für die Geistesschulung jedoch kommt alles darauf an, dass die ganze Seele zu einem Organ werde, durch das sich Wahrheit aussprechen kann, das Wahrheit empfindet. – Das ist möglich, weil die Seele in den Tiefen der Welt wurzelt und den Zusammenklang dessen, was wir denken, vorstellen, sagen und meinen, mit den wahren Weltverhältnissen empfindet. Man muss nur lernen innezuhalten und zu lauschen, was die Seele durch das Gefühl dem Denken und Vorstellen mitteilen will. Das innehaltende Lauschen, das die Gedanken kontrolliert, wird so zum Wahrheitsempfinden.

Die weiter ausholenden, vertiefenden
Vorträge über die Monatstugenden

DIE TUGENDEN IM JAHRESLAUF

Wandlungskräfte der Seele

*Zwölf Vorträge
herausgegeben von Jean-Claude Lin
285 Seiten, kartoniert*

ISBN 978-3-7725-1277-3

Mit Vorträgen von Martin Kollewijn, Ernst-Michael Kranich, Klaus Dumke, Florian Roder, Nana Göbel, Andreas Neider, Thomas Hilden, Jean-Claude Lin, Erika von Arnim, Wolf-Ulrich Klünker, Erhard Fucke und Christoph Lindenberg.

Verlag Freies Geistesleben